ウマい！

カンタン！

食べ応え満点！

ほりえさちこ

食いしんぼう弁当

はじめに

お弁当、というとどんなものをイメージするでしょうか?
かわいいキャラ弁? 野菜たっぷりのヘルシーなお弁当?
もちろんそういったお弁当も人気ではありますが、
忘れてならないのは、「たくさん食べたい!」「がっつり食べたい!」という、
食べ盛りの若者たちや、部活に励む中高生たちのお弁当に対するニーズです。
本書は、そうしたニーズに「全振り」した、
ちょっと珍しいお弁当本となっています。

当然のことながら、人の食事量には差があります。
一日中屋内でデスクワークをしている人と、屋外で得意先を歩き回ったり、
肉体労働をしている人たちとでは、消費カロリーもまったく異なるでしょう。
そしてもちろん育ち盛りの10代の子どもたちと、
だんだんと味が濃いものが苦手になってくる中高年とでは、
食事量も食の嗜好も異なります。それぞれの人たちに最適な食事、
最適なお弁当があるはずなのです。

本書では、できるだけ簡単に、大きな満足感と
満腹感が得られるようなお弁当のレシピをご紹介します。
ちょうどいいレシピ、ちょうどいい本がなくて困っていたみなさん、
ぜひ本書をご活用ください。食いしんぼう万歳!

ほりえさちこ

CONTENTS

本書は2015年8月に刊行された『サラ弁』（ほりえさちこ著）を再編集したものです。レシピに大きな変更はございませんので、あらかじめご了承ください。

PART 00
ある食いしんぼうの お弁当1週間コーデ！

- 06　［MON.］スタートダッシュ！ ウインナソーセージたっぷり弁当
- 08　［TUE.］持久力チャージ！ 炭水化物もりもり弁当
- 10　［WED.］中だるみに活！ がんばれガパオ弁当
- 12　［THU.］あと2日がんばって！ にら豚スタミナ弁当
- 14　［FRI.］1週間おつかれさま！ ごほうびステーキ弁当

PART 01
これでいいのだ！ どんぶり風のっけ弁当

- 17　てりてりチキンてり焼き丼弁当
- 18　これでもかののり弁風鮭のムニエル丼弁当
- 19　けっこう本格派カレー弁当
- 20　大盛りつゆだく牛丼弁当
- 22　情熱のポークチャップ丼弁当
- 23　電子レンジでチャプチェ丼弁当
- 24　汁もれしないマーボー丼弁当
- 25　香ばしいねぎ塩豚焼き丼弁当
- 26　具だくさんシーフード焼きそば弁当
- 27　親子うどん弁当
- 28　あふれんばかりの天丼弁当
- 30　どでかロコモコ弁当

- 32　［おまけ］お弁当に欠かせない！ 卵料理研究

PART 02
しっかり食べたい！ 定食弁当

- 34　安心の肉じゃが定食弁当
- 36　魅惑のチキン南蛮定食弁当
- 38　禁断の焼き肉定食弁当
- 40　ちょっぴりヘルシー焼き魚定食弁当
- 42　ボリュームアップさばみそ煮定食弁当
- 44　鶏のから揚げ300g定食弁当

PART 03
おにぎり サンドイッチ おにぎらず

- 47　爆弾おにぎり／カルビおにぎり／チーズおかかおにぎり
- 48　まぐろの角煮おにぎり／天むす風鶏のから揚おにぎり／コーンバターの肉巻きおにぎり
- 49　とんかつ巻きおにぎり／たくあんと鮭のしそおにぎり／えびマヨおにぎり
- 50　大盛り卵サンド／大盛りポテサラコーンサンド
- 51　ナポリタンポケットサンド／メキシカンバゲットサンド
- 52　ツナポテトおにぎらず／豚ビビンバおにぎらず
- 53　カレーゆで卵おにぎらず／ソーセージと卵のおにぎらず

PART 04
食いしんぼうの夢！ むちゃぶり弁当

- 55　どこでもラーメン弁当
- 56　お好み焼き＆ご飯弁当
- 58　メガ盛りカツ丼弁当
- 60　大盛り油そば弁当
- 61　あつあつあんかけチャーハン弁当
- 62　ビッグのり弁当
- 64　トリプルグリル弁当

PART 05
作っておくと超助かる！ ヘルシーな野菜の常備菜

- 67　にんじんごまあえ／キャロットラペ／キョロット
- 68　ペペロンほうれん草／ほうれん草のベーコン炒め／ほうれん草とハムのマヨあえ
- 69　大根の皮と葉のカリカリベーコン炒め／甘酢大根／大根とちくわの煮もの
- 70　キャベツとかに風味かまぼこのしょうが入りコールスロー／キャベツのだし酢びたし／キャベツとメンマのピリ辛あえ
- 71　ジャーマンポテトソーセージ／じゃがいものコンビーフ炒め／黒こしょうのツナポテト
- 72　ごぼうとコーンのマヨマリネ／ごぼうのみそごまあえ／ごぼうのひじき煮
- 73　切り干し大根のカレー炒め／切り干し大根のツナマヨサラダ／切り干し大根のナポリタン風
- 74　れんこんとこんにゃくの甘みそ炒め／れんこんの塩昆布きんぴら／れんこんのバジルあえ
- 75　ねぎ塩きのこ／きのこのつくだ煮／エリンギのオイスターソース焼き

- 76　［おまけ］前日から仕込むぜいたく弁当

- 76　とろとろルーローハン弁当
- 78　におわないギョウザ弁当
- 79　ゆで塩豚弁当

［この本の使い方］

- 特に記載がない限り材料は1人分です。
- 高温多湿の環境下で弁当を長時間持ち歩いていると傷みやすくなります。弁当は冷めてからふたをし、汁っぽいおかずはしっかり汁けをきってから入れるなど、衛生管理には十分気をつけてください。
- 小さじ1は5㎖、大さじ1は15㎖、1カップは200㎖、ひとつまみは指3本でつまむくらいの量です。
- 材料欄の合わせ調味料を表す「A」や「B」などはあらかじめ混ぜ合わせておいてください。
- 電子レンジの加熱時間は600Wのものを基準にしています。500Wの場合は加熱時間を約1.2倍に、700Wの場合は約0.8倍に、1000Wの場合は約0.6倍にしてください。機種によって差が出ることがありますので、様子を見ながら加熱してください。
- フライパンはフッ素樹脂加工のものを使用しています。

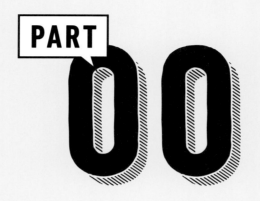

ある食いしんぼうの
お弁当
１週間コーデ！

たとえばこんな１週間のお弁当はいかが？
食いしんぼうをみるみる元気にする
食いしんぼう弁当の神髄をご堪能あれ！

スタートダッシュ！

ウインナソーセージ たっぷり弁当

ソーセージソテー

材料
ウインナソーセージ…4～6本
サラダ油…小さじ2

作り方

1 ソーセージは斜めに数か所切り目を入れる。

2 フライパンにサラダ油を中火で熱し、ソーセージを入れて皮がパリッとするまで焼く。

その他

枝豆（さやつき）…5～6本
生の場合は塩ゆでする。冷凍の場合は解凍する。

ゆで卵（P32参照）…1個
固めにゆで、完全に冷まし、輪切りにする。

おかか…適量
削り節適量としょうゆ適量をよく混ぜる。

ご飯…適量

詰め方 弁当箱の半分ほどにご飯を詰め、おかかをのせる。残りのスペースにほかのおかずをバランスよく詰め、ゆで卵を並べる。完全に冷めたらふたをする。

玉ねぎとじゃがいもの コーンバターしょうゆ炒め

材料
じゃがいも…1個
玉ねぎ…1/2個
ホールコーン（缶詰）…大さじ3
バター…小さじ2
しょうゆ…小さじ1
塩・こしょう…各少々

作り方

1 じゃがいもは1cm角に切る。玉ねぎは8mm幅の薄切りにする。

2 フライパンにバターを入れて中火で熱し、じゃがいもと玉ねぎを入れて炒める。じゃがいもが透きとおってきたら、コーンを加えてさらに炒める。

3 しょうゆを回し入れてざっと炒め、塩、こしょうで味を調える。

(!) フライパンはソーセージを焼いたものをそのまま使ってOK！

(!) じゃがいもと玉ねぎは、ソーセージをソテーしているあいだにレンチンしておくと、炒め時間を短縮できます。

> たんぱく質と炭水化物の華麗なコラボレーション！
> ソーセージは4本で足りますか？
> 5本でも6本でも好きなだけ入れてください！
> 今週もがんばりましょう！

> 炭水化物で炭水化物をはさんだ焼きそばパン！
> 持久力アップに効果てきめんです。
> 野菜もいっしょに！

持久力チャージ！

炭水化物もりもり弁当

焼きそばパン

材料

中華蒸し麺…1玉
キャベツ…1枚
にんじん…細い部分5cm
ウインナソーセージ…3本
青のり・紅しょうが…各適量
とんかつソース…大さじ2
しょうゆ…小さじ1
塩・こしょう…各少々
水…大さじ2
サラダ油…大さじ1/2
パン（ホットドッグ用）…2個
バター…適量

作り方

1. ソーセージは1cm幅の斜め切りにする。キャベツは2cm角に切る。にんじんは2〜3mm厚さの短冊切りにする。

2. フライパンにサラダ油を中火で熱し、1を入れて炒める。

3. 中華蒸し麺と水を加え、ふたをして1分ほど蒸し焼きにする。菜箸で麺をほぐし、全体をざっと混ぜ合わせ、ソース、しょうゆ、塩、こしょうを加えて炒め合わせる。

4. パンに縦に切り込みを入れ、内側にバターを薄く塗り、3をはさむ。青のりをふり、紅しょうがをのせる。

ツナマヨコールスロー

材料

キャベツ…1枚
ホールコーン（缶詰）…大さじ2
ツナ（缶詰）…大さじ1
マヨネーズ…大さじ1
粉チーズ…大さじ1
塩・粗びき黒こしょう…各少々

作り方

1. キャベツはせん切りにし、塩小さじ1/4（分量外）でもんで、水けをしぼる。

2. ボウルにキャベツ、コーン、油をきったツナ、マヨネーズ、粉チーズを入れてよく混ぜ、塩、黒こしょうで味を調える。

詰め方 焼きそばパンは完全に冷めたらワックスペーパーやラップなどで包む。ツナマヨコールスローは容器に詰める。

中だるみに活！

がんばれガパオ弁当

材料

豚ひき肉…120g
玉ねぎ…1/4個
ピーマン…1個
バジルの葉…8枚
卵…1個
ミニトマト…2〜3個
ご飯…適量
赤唐辛子の小口切り…1/2本分
A
　おろしにんにく…少々
　オイスターソース…小さじ2
　ナンプラー…小さじ1
　酒…小さじ1
　砂糖…小さじ1/2
サラダ油…大さじ1/2

作り方

1 玉ねぎとピーマンは1cm角に切る。

2 フライパンにサラダ油を中火で熱し、赤唐辛子と玉ねぎを入れて炒め、玉ねぎが透きとおってきたらひき肉を加えて炒め合わせる。

3 肉の色が変わったらピーマンを加えて炒め合わせる。Aを回し入れ、手でちぎったバジルの葉を加えてざっと炒め、バットなどに移す。

4 フライパンをキッチンペーパーでふき、サラダ油小さじ2（分量外）を足して中火で熱し、卵を割り入れ、固めの目玉焼きを作る。

5 弁当箱にご飯を詰めて**3**をかけ、目玉焼きをのせ、ミニトマトとあればバジルの葉適量（分量外）を添える。完全に冷めたらふたをする。

(!) 黄身がしっかり固まるくらいの目玉焼きにしてください。火が通っていないと傷む危険性があります。

(!) 豚ひき肉は鶏ひき肉にかえてもOKです。

(!) 辛いのが好きな人は赤唐辛子をプラス、甘いのが好きな人は砂糖をプラスしてください。

> 1週間の折り返し地点、やはり疲れはたまるもの。
> 食いしんぼうに活を入れてくれるのは、
> ピリリと辛いタイ料理！

今週も残すところ2日…。
豚肉とにらで疲労回復＆スタミナ補給しつつ、
たまにはバランスよく栄養を
とってみよう

あと2日がんばって！

にら豚スタミナ弁当

こってりにら豚炒め

[材料]
豚こま切れ肉…120g
にら…1/2束
もやし…1/2袋
こしょう…少々
サラダ油…大さじ1

A
- おろしにんにく…少々
- オイスターソース…小さじ2
- 酒…小さじ2
- しょうゆ…小さじ1
- 砂糖…小さじ1
- 片栗粉…小さじ1
- 水…大さじ2

[作り方]

1 にらは5cm長さに切る。

2 フライパンにサラダ油を中火で熱し、豚肉をほぐし入れて炒める。肉の色が変わったらもやしを加えてシャキッとするまで炒め、さらににらを加えてざっと炒め合わせる。

3 直前に混ぜ合わせたAを回し入れて炒め合わせ、こしょうをふる。

! 片栗粉を加えることで、食べ応えを出しつつ、汁けをまとめて傷みにくくしています。

[その他]
梅干し…1個
ご飯…適量

詰め方　弁当箱の半分ほどにご飯を詰めて梅干しをのせ、残りのスペースにほかのおかずをバランスよく詰める。おかずの仕切りにリーフレタス（分量外）を使ってもよい。完全に冷めたらふたをする。

桜えびの卵焼き

[材料]
A
- 溶き卵…1個分
- 桜えび(乾燥)…大さじ1
- しょうゆ…小さじ1/2
- 砂糖…小さじ1

サラダ油…小さじ2

[作り方]

1 卵焼き器にサラダ油を中火で熱し、Aを2～3回に分けて流し入れて、卵焼きを作る（P32参照）。4等分に切る。

ソーセージとしめじの
ケチャップソテー

[材料]
ウインナソーセージ…3本
しめじ…50g
トマトケチャップ…大さじ1
一味唐辛子…少々
サラダ油…大さじ1

[作り方]

1 ソーセージは3等分の斜め切りにする。しめじは小房に分ける。

2 フライパンにサラダ油を中火で熱し、ソーセージとしめじを入れて炒める。ソーセージの皮がパリッとしたら一味唐辛子をふり、ケチャップを加えてよくからめる。

FRI.

💬 ついにたどり着いた金曜日!
1週間がんばったごほうびに
ぜいたくなステーキをどーん!
おつかれさまでした!! 🎶

> 1週間おつかれさま！

ごほうびステーキ弁当

和風ステーキ

材料

牛ステーキ用肉…1枚(200g)
グリーンアスパラガス…3本
玉ねぎ…1/4個
にんにく…1かけ
バター…小さじ1
サラダ油(または牛脂)…大さじ1/2

A
- しょうゆ…小さじ2
- 酒…小さじ2
- みりん…小さじ2
- 砂糖…小さじ1/4

塩・こしょう…各少々

作り方

1. 牛肉は室温にもどし、塩、こしょうをふる。玉ねぎとにんにくは薄切りにする。アスパラガスは5cm長さに切る。

2. フライパンにサラダ油とにんにくを弱火で熱し、にんにくがカリカリになったら取り出す。

3. バターを加えて中火にし、溶けたら牛肉を入れて両面を3〜5分焼く。中までしっかり火が通ったら取り出し、肉汁が落ち着いたら食べやすい大きさに切る。

4. 玉ねぎとアスパラガスを加え、玉ねぎがしんなりするまで炒めて取り出す。

5. フライパンの油をキッチンペーパーでふき取り、Aを入れてひと煮立ちさせる。

> ⚠ 輸入牛肉は玉ねぎのすりおろしにひと晩漬け込んでおくとやわらかくなります。

その他

ご飯…適量

詰め方　弁当箱の2/3ほどにご飯を詰め、和風ステーキをのせ、炒めたにんにくを散らし、煮詰めたAをかける。残りのスペースにほかのおかずをバランスよく詰め、完全に冷めたらふたをする。

明太ポテトサラダ

材料

じゃがいも…1個
辛子明太子…大さじ1/2
マヨネーズ…大さじ1
塩・こしょう…各少々

作り方

1. じゃがいもは水で洗い、水けの残った状態で皮つきのままラップで包み、電子レンジで3分ほど加熱し、裏返してさらに1分ほど加熱する。やわらかくなったら皮をむき、ボウルに入れて、マッシャーなどでつぶす。

2. ボウルに明太子とマヨネーズを加えてよく混ぜ、塩、こしょうで味を調える。

> ⚠ じゃがいもは大きさによって加熱時間が異なるので、様子を見ながらレンチンしてください。

ちくわのチーズのりロール

材料

ちくわ…2本
焼きのり・スライスチーズ…各適量

作り方

1. ちくわはキッチンばさみで縦に切って広げ、1枚の板状にする。

2. のりとスライスチーズはキッチンばさみでちくわと同じ大きさに切る。

3. ちくわにのりとスライスチーズを重ね、端から巻く。

4. ラップで包み、電子レンジで10〜20秒ほど加熱する。冷凍室に入れて5分ほど冷やし、食べやすい大きさに切る。

> ⚠ のりやチーズがちくわの面積に足りない場合は、適宜足してください。のりのかわりに青じそでも。

これでいいのだ！
どんぶり風のっけ弁当

お弁当って、彩り豊かなおかずたちを
たくさん入れなきゃいけないような気がしますが、
そんなことより食いしんぼうには
おいしいおかずがドカンとあれば、それでOK！
それでいて栄養のバランスもばっちりの
どんぶり風弁当をご紹介します。

ご飯が無限に食べられそう！

てりてりチキン
てり焼き丼弁当

材料

鶏もも肉…大1/2枚（180g）
水菜…適量
ミニトマト…3個
ご飯…適量
たくあん…適量
A
　砂糖…小さじ2
　しょうゆ…小さじ2
　酒…小さじ2
　みりん…小さじ1
　水…大さじ2
塩・こしょう…各少々
小麦粉…適量
サラダ油…大さじ1/2

作り方

1 水菜は3cm長さに切る。たくあんは8mm幅の輪切りにする。鶏肉は塩、こしょうをふって、小麦粉を薄くまぶす。

2 フライパンにサラダ油を強火で熱し、鶏肉の皮目を下に入れて1分ほど焼く。さらにふたをして弱火で3～4分、鶏肉を裏返して2～3分焼く。竹串を刺して澄んだ汁が出てきたらOK。余分な脂をさっとふき、Aを加えて煮詰める。

3 弁当箱の2/3ほどにご飯を詰めて水菜を重ね、食べやすい大きさに切った2をのせる。残りのスペースにミニトマトとたくあんを詰める。全体が完全に冷めたらふたをする。

"甘辛い味つけで、ご飯がすすむ！水菜とミニトマトとたくあんで野菜もバッチリ。こんなにおいしいのに、簡単すぎていいことずくめ！"

> 魅惑の濃厚ソース！

これでもかののり弁風 鮭のムニエル丼弁当

材料を混ぜるだけで、あっという間に完成する「簡単タルタルソース」が味の決め手！鶏のから揚げなんかにかけてもおいしいですよ。

材料
- 生鮭の切り身…1切れ
- ブロッコリー…2房
- ご飯…適量
- おかか
  - 削り節…適量
  - しょうゆ…適量
- 焼きのり…適量
- 簡単タルタルソース
  - うずらの卵（水煮）の薄切り…6個分
  - マヨネーズ…大さじ2
  - 塩・粗びき黒こしょう…各少々
- バター…小さじ1
- 塩・こしょう…各少々
- 小麦粉…適量
- サラダ油…大さじ1

作り方

1. 弁当箱にご飯を詰め、混ぜ合わせたおかかを散らし、焼きのりをのせる。
2. 鮭に塩、こしょうをふり、小麦粉を薄くまぶす。ブロッコリーは塩ゆでする。
3. フライパンにサラダ油を中火で熱し、鮭を入れて両面を3分ずつ焼き、バターを加えてからませる。バットなどに移して完全に冷ます。
4. 1の上に3をのせ、混ぜ合わせた簡単タルタルソースをかける。ブロッコリーを添え、完全に冷めたらふたをする。

⚠ 塩鮭でもOK。塩、こしょうは不要です。みりんにつけておくと塩けが抜けます。

⚠ ブロッコリーのかわりにグリーンアスパラガスやオクラでも。

> これはクセになる！

けっこう本格派カレー弁当

材料
- 合いびき肉…80g
- なす…1本
- 玉ねぎ…大1/4個
- にんじん…3cm
- ご飯…適量
- ゆで卵（P32参照）…1個
- 福神漬け…適量
- パセリのみじん切り（あれば）…適量
- にんにくのみじん切り…大さじ1/2
- しょうがのみじん切り…大さじ1/2
- A
  - カレールウ…15g
  - ウスターソース…小さじ1
  - 水…1/2カップ
- 塩・こしょう…各少々
- オリーブオイル…大さじ1

作り方

1. なすは小さめの乱切りにする。玉ねぎとにんじんは粗みじん切りにする。

2. フライパンにオリーブオイルを中火で熱し、なすを並べてこんがりと色づくまで焼き、いったん取り出す。

3. オリーブオイル大さじ1/2（分量外）を足して熱し、にんにくとしょうがを加えて弱火で炒める。香りが立ったら中火にして玉ねぎとにんじんを加え、しんなりするまで炒める。

4. ひき肉を加え、肉の色が変わったらなすを戻し入れ、塩、こしょうをふり、Aを加えて炒め合わせる。

5. 弁当箱にご飯を詰め、あればパセリを散らし、福神漬けを添える。別の容器に4と半分に切ったゆで卵を入れる。ともに完全に冷めたらふたをする。同じ弁当箱に入れ、ご飯にカレーをかけてもよい。

> "ルウで手軽に作れる、なかなか本格派なカレー。煮込まないから調理時間が短くて済みます。汁けが少ないので、お弁当にしても大丈夫なのです。"

> 店よりウマい！

大盛りつゆだく牛丼弁当

牛丼の具

材料
牛切り落とし肉…150g
玉ねぎ…中1/2個
A
　おろししょうが…1/2かけ分
　しょうゆ…大さじ2
　酒…大さじ2
　砂糖…大さじ1
ごま油…大さじ1

作り方

1 玉ねぎは薄切りにする。

2 フライパンにごま油を中火で熱し、玉ねぎを入れてしんなりするまで炒める。牛肉を加えて色が変わるまで炒め、Aを加えて煮る。

小松菜のごまあえ

材料
小松菜…1/3束
めんつゆ（3倍濃縮タイプ）…大さじ1/2
白すりごま…大さじ1

作り方

1 小松菜は水で洗い、水けの残った状態でラップで包んで、電子レンジで1分ほど加熱する。水にさらして水けをよくしぼり、3cm長さに切って、めんつゆとすりごまであえる。

その他
ご飯…適量
紅しょうが…適量

 詰め方 弁当箱の3/4ほどにご飯を詰めて牛丼の具と紅しょうがをのせる。残りのスペースに小松菜のごまあえを詰め、完全に冷めたらふたをする。

> 甘めの味つけで深みのある牛丼！
> フライパンひとつですぐに作れますし、
> なにしろお店で食べるよりおいしい！
> 自家製だから、大盛りだってつゆだくだって思いのまま。
> 鉄分たっぷりの小松菜で栄養のバランスをとりましょう。

> この肉々しさ！真っ赤なケチャップは燃え盛る情熱の証。煮詰めるほどに肉とよくからみます。

厚切り肉がどん！
情熱のポークチャップ丼弁当

ポークチャップ

[材料]
豚ロース肉（とんかつ用）…1枚
玉ねぎ…1/4個
ピーマン…2個
塩・こしょう…各少々
小麦粉…適量
サラダ油…大さじ1

A
┌ トマトケチャップ
│ …大さじ2
│ とんかつソース
│ …大さじ1/2
└ 砂糖…小さじ1

[作り方]
1 玉ねぎは薄切りにする。ピーマンは細切りにする。豚肉は1cm幅に切り、塩、こしょうをふり、小麦粉を薄くまぶす。

2 フライパンにサラダ油を中火で熱し、豚肉を入れて5分ほど焼く。玉ねぎとピーマンを加えて炒め、玉ねぎがしんなりしたらAを加えて炒りつける。

! 豚肉のかわりにソーセージでも。

かぶのマヨネーズあえ

[材料]
かぶ…1個
マヨネーズ…大さじ1
塩…小さじ1/4

[作り方]
1 かぶは茎を1cmほど残して葉を切り落とし、皮をむいて縦半分に切り、さらに5mm幅の薄切りにする。塩でもんで3分ほどおく。

2 しんなりとしたら水けをしぼり、マヨネーズであえる。

[その他] ご飯…適量

[詰め方] 弁当箱にご飯を詰めてポークチャップをのせ、残りのスペースにかぶのマヨネーズあえを詰める。完全に冷めたらふたをする。

> 味がしみわたる！

電子レンジでチャプチェ丼弁当

春雨をもどす手間すら必要ありません。レンチンで簡単に作れるパンチの効いたお弁当。チャプチェのたれがご飯にしみてウマい！

チャプチェ

材料
- 春雨…20g
- ピーマン…2個
- 玉ねぎ…1/4個
- ツナ（缶詰）…1/2缶（40g）
- 粗びき黒こしょう…適量

A
- 豆板醤…小さじ1/3
- おろしにんにく…少々
- 砂糖…小さじ1
- ごま油…小さじ1/2
- しょうゆ…大さじ1
- 水…大さじ5

作り方

1. ピーマンは細切りにする。玉ねぎは薄切りにする。

2. 耐熱容器に春雨（もどさない）、ピーマン、玉ねぎ、ツナ、Aを入れてラップをし、電子レンジで3分ほど加熱する。いったん取り出して菜箸で混ぜ、ラップをせずにさらに1～2分加熱し、黒こしょうをふる。

にんじんごまあえ

材料
- にんじん…5cm
- 白すりごま…小さじ2
- 塩…小さじ1/4
- ごま油…小さじ1/2

作り方

1. にんじんはピーラーで薄く切り、塩でもんで5分ほどおく。

2. しんなりしたら水けをしぼり、ごま油とすりごまであえる。

その他
- ご飯…適量
- 白いりごま…適量

詰め方 弁当箱にご飯を詰め、チャプチェをのせていりごまをふる。にんじんごまあえを添える。完全に冷めたらふたをする。

[豆腐ではなく厚揚げで！]

汁もれしない マーボー丼弁当

"汁けを抑えるために豆腐ではなく厚揚げを採用！手軽に作れてボリュームもアップします。厚揚げのかわりになすを入れてもおいしいですよ。"

[材料]

- 豚ひき肉…60g
- 厚揚げ…小1枚(170g)
- 長ねぎ…10cm
- ご飯…適量
- ミニトマト…2〜3個
- 好みの漬けもの…適量
- 万能ねぎの小口切り…適量
- にんにく・しょうが…各1/2かけ
- A
  - ┌ トマトケチャップ…小さじ1
  - │ 豆板醤…小さじ1/2
  - │ みそ…小さじ1
  - │ 砂糖…大さじ1/2
  - │ 鶏がらスープの素…小さじ1
  - └ 水…1/2カップ
- 水溶き片栗粉
  - ┌ 片栗粉…小さじ1/2
  - └ 水…小さじ2
- ごま油…小さじ2

[作り方]

1. 厚揚げは油抜きし、1.5cm角に切る。長ねぎ、にんにく、しょうがはみじん切りにする。

2. フライパンにごま油を弱火で熱し、長ねぎ、にんにく、しょうがを入れて炒める。香りが立ったら中火にしてひき肉を加え、肉の色が変わるまで炒める。

3. 厚揚げとAを加えて1〜2分煮、直前に混ぜ合わせた水溶き片栗粉を加え、とろみがつくまで混ぜる。

4. 弁当箱にご飯を詰めて3をのせ、万能ねぎを散らし、ミニトマトと漬けものを添える。完全に冷めたらふたをする。

(!) なすを加える場合は小さめの乱切りにしてください。

> よけいにお腹が空く！

香ばしい
ねぎ塩豚焼き丼弁当

> 肉はカリッと香ばしく焼くことがおいしく仕上げるコツ。ご飯がいくらあっても足りません！

材料
- 豚バラ薄切り肉…130g
- きぬさや…10枚
- 長ねぎ…1/3本
- ご飯…適量
- 白いりごま…適量
- A
  - 鶏がらスープの素…小さじ1/2
  - 湯…大さじ1
  - 酒…大さじ1/2
  - こしょう…少々
- 塩・粗びき黒こしょう…各少々
- サラダ油…小さじ2

作り方

1. きぬさやは筋を取る。長ねぎはみじん切りにする。豚肉は5cm幅に切る。

2. フライパンにサラダ油を中火で熱し、豚肉を並べて焼いて、残りのスペースにきぬさやを入れて炒める。

3. きぬさやがしんなりしたら塩、黒こしょうをふり、きぬさやを取り出す。

4. 肉の色が変わったら長ねぎとAを加え、からませながら軽く煮詰める。

5. 弁当箱にご飯を詰め、豚肉をたれごとのせ、いりごまをふり、きぬさやを添える。完全に冷めたらふたをする。

> にんにく入り！

具だくさんシーフード焼きそば弁当

"シーフードミックスで簡単に具だくさん！野菜はお好みのものでOK。おろしにんにくでパンチ力UP！"

シーフード焼きそば

[材料]
- シーフードミックス（冷凍）…120g
- 中華蒸し麺…1～2玉
- にんじん…3cm
- キャベツ…大1/2枚
- もやし…1/2袋
- うずらの卵（水煮）…6個
- おろしにんにく…小さじ4
- 鶏がらスープの素…小さじ1～2
- 塩・こしょう…各適量
- 水…大さじ2
- ごま油…大さじ1

[作り方]

1 シーフードミックスは解凍する。にんじんは2～3mm厚さの短冊切りにする。キャベツはざく切りにする。

2 フライパンにごま油を中火で熱し、シーフードミックスを入れて炒める。にんじん、キャベツ、もやしを加えて炒め、さらに中華蒸し麺と水を加え、ほぐしながら炒める。

3 うずらの卵、にんにく、鶏がらスープの素を加え、塩、こしょうで味を調える。

! 鶏がらスープの素は中華蒸し麺1玉につき小さじ1使います。

れんこんのチーズ焼き

[材料]
- れんこん…3cm
- ピザ用チーズ…大さじ2
- バター…15g
- 塩・こしょう…各適量

[作り方]

1 れんこんは皮をむいて4等分の輪切りにし、酢水に5分ほどつけ、水けをよくきる。

2 フライパンにバターを中火で熱し、れんこんを入れて両面を6～7分ほど焼く。透きとおってきたらいったん取り出す。

3 チーズを4等分にして並べ、溶け始めたらそれぞれにれんこんをのせる。チーズがカリカリになるまで焼き、塩、こしょうをふる。

●詰め方
弁当箱にシーフード焼きそばを詰め、粗びき黒こしょうをふる。れんこんのチーズ焼きも詰め、完全に冷めたらふたをする。

親子丼ならぬ…

親子うどん弁当

> うどんに卵をプラスしてボリュームアップしつつ親子丼風にアレンジ。これでも物足りなければ、下にご飯を敷き込んでも！

材料
- 鶏もも肉…120g
- 冷凍うどん…1玉
- 玉ねぎ…1/4個
- 溶き卵…2個分
- 紅しょうが…適量
- 三つ葉…適量
- A
  - 砂糖…小さじ1
  - めんつゆ（3倍濃縮タイプ）…大さじ2と1/2
  - 水…1/2カップ

作り方

1. 鶏肉はひと口大に切る。玉ねぎは薄切りにする。うどんはパッケージの表示どおりに電子レンジで加熱する。

2. フライパンに鶏肉、玉ねぎ、Aを入れ、ふたをして中火で熱し、玉ねぎがしんなりしたら鶏肉を加えて3〜4分煮る。

3. うどんを加え、溶き卵を流し入れてふたをし、1〜2分蒸し煮にする。

4. 弁当箱にしっかりと汁けをきった3を入れ、三つ葉をのせ、紅しょうがを添える。完全に冷めたらふたをする。

! うどんはもちろん、ゆでうどんや乾麺でもOK！

天つゆしみしみ！

あふれんばかりの天丼弁当

[材料]

えび（大）…3〜4尾
なす…1本
グリーンアスパラガス…2本
ころも
　溶き卵…1/2個分
　冷水…1/2カップ
　小麦粉…50g
天つゆ
　めんつゆ（3倍濃縮タイプ）…大さじ2
　酒・みりん…各大さじ1
　砂糖…小さじ1
ご飯…適量
たくあん…適量
揚げ油…適量

[作り方]

1 天つゆを作る。小鍋に天つゆの材料を入れて中火で熱し、煮立ってから30秒ほど煮て、火を止めてそのまま冷ます。

2 えびは背わたを取って足を除き、尾の1節を残して殻をむく。尾の先を斜めに切り落とし、指でしごくようにして、尾の中の水けを出す。腹側に斜めに3〜4か所切り目を入れ、背側に反らすようにして曲げる。

3 なすはがくを除いて縦半分に切り、皮に4〜5本切り目を入れる。アスパラガスは長さを2等分に切る。

4 ころもを作る。ボウルに溶き卵と冷水を入れて菜箸でよく混ぜ、小麦粉をふるい入れてさっくりと混ぜる。

5 鍋に揚げ油を入れて中火で中温（180℃）に熱する。えび、なす、アスパラガスを1つずつころもにくぐらせて油にそっと入れ、ときどき上下を返しながら、ころもがカラリとするまで揚げる。網に上げて、油をきる。

6 弁当箱にご飯を詰めて天つゆの1/3量をかけ、天つゆにくぐらせた天ぷらをのせる。残りの天つゆを全体にかけ、たくあんを添える。完全に冷めたらふたをする。

"
天ぷらは出来合いのものや昨晩の残りでもOK。
あらかじめ天つゆにくぐらせているので、
冷めてもおいしいです。
季節の食材をふんだんに取り入れましょう。
"

> ハンバーグは「特大」が正解！

どでかロコモコ弁当

材料

ハンバーグ（2個分）
- 合いびき肉…180g
- 玉ねぎのみじん切り…1/2個分
- 溶き卵…1個分
- パン粉…3/4カップ
- ナツメグ・塩・こしょう…各少々

A
- トマトケチャップ…大さじ3
- とんかつソース…大さじ1
- 水…大さじ5

- 卵…1個
- ご飯…適量
- ミニトマト…2～3個
- キャベツ…2枚
- 粉チーズ…大さじ1
- 塩・こしょう…各少々
- サラダ油…大さじ1

作り方

1 ハンバーグを作る。ボウルにひき肉、ナツメグ、塩、こしょうを入れ、粘りが出るまで手でこねる。さらに玉ねぎ、溶き卵、パン粉を加え、よくこねてひとまとめにする。

2 2等分にし、薄く大きな楕円形に整える。

3 フライパンにサラダ油を中火で熱し、2を並べて両面をこんがりと焼く。Aを加え、ふたをして5分ほど煮詰め、取り出す。

4 フライパンをざっと洗い、サラダ油小さじ2（分量外）を入れて中火で熱し、卵を割り入れ、固めの目玉焼きを作る。

5 キャベツはざく切りにする。耐熱皿にのせてふんわりとラップをかけ、電子レンジで3分ほど加熱する。粉チーズ、塩、こしょうをふり、よく混ぜる。

6 弁当箱にご飯を詰めて5を重ねて広げ、ハンバーグと目玉焼きをのせ、ミニトマトを添える。完全に冷めたらふたをする。

⚠ ハンバーグの分量のみ2個分です。
残った1個は冷凍保存しておきましょう。

> ❝
> ハンバーグは「大きく」「薄く」がオススメ。
> 薄いほうが火が早く通りますし、
> 大きいほうがなにしろ迫力が出ます！
> 卵を崩しながらめしあがれ。
> ❞

ゆで卵
お弁当に入れるならゆで時間は固めの10分がオススメ

鍋に卵がかぶるくらいの湯を沸騰させ、お玉などに冷蔵庫から出したばかりの卵をのせて、そっと湯の中に入れます。いわゆる「半熟」と呼ばれる固さは、6分程度のゆで時間が目安。10分以上でしっかり固まります。お弁当に入れる場合は、特に暑い季節は傷むことが心配されるので、しっかり10分以上ゆでてください。仕上げに冷水に入れて冷やします。

殻が割れないように気をつけて。ゆでながらたまに転がすと、黄身がきっちり中央で固まります。

おまけ　お弁当に欠かせない！
卵料理研究

温泉卵
実は家でも作れます！湯に入れてゆっくり火を通すだけ

小鍋に湯を沸かし、沸騰したら火を止め、しばらくおいておきます。65〜70℃になったら冷たい状態の卵をそっと入れて、そのまま20分ほどおきます。暑い季節には長時間持ち歩かないでください。

卵焼き
卵焼きの作り方をしっかりおさらい！

おぼえてしまえば簡単なのですが、文字で説明すると非常にまどろっこしい卵焼きの作り方。以下の写真を参考にしてください。

①卵焼き器に油をひいて、卵液少々を落とすとすぐに固まる程度にまで熱します。火力は中〜強火。

②弱火にして、溶き混ぜた卵液の1/3量ほどをそっと流し入れ、全体に広げます。

③表面が半熟状になったら菜箸で奥から手前に巻き、奥に寄せます。

④空いたスペースに卵液の残りの1/2量を流し入れ、全体に広げて火を通します。先ほど奥に寄せた卵の下にも卵液を行きわたらせます。油が足りなさそうであれば、卵液を流し入れる前に足してください。

⑤半熟状になってきたら、先ほど奥に寄せた卵を軸にして手前に巻きます。同様に残りの卵液を流し入れ、火を通し、巻いていけばできあがりです。

小さなボウルなどに卵を割り入れ、ざるやこし器などに移してゆるい白身を落とします。ごく少量なので捨ててしまってください。

目玉焼き
白身をこしておくときれいに焼きあがります

直接フライパンに割り入れるのではなく、ざるやこし器であらかじめ白身のゆるい部分を除いておくと、白身がきれいにまとまって、焦げることなくきれいに焼きあがります。余裕があるときにぜひお試しを。

しっかり食べたい！
定食弁当

シンプルなお弁当も好きだけど、
やっぱり栄養のバランスが気になるもの…。
定食弁当ならその点はバッチリ！
品数は多いけれど、一気に作れるレシピばかりなので、
簡単なのに出来栄えはゴージャスです。

> 肉じゃがを
> レンチンしているあいだに
> ほかの2品を仕上げましょう。
> 野菜たっぷりのヘルシーな定食は
> 食いしんぼうの強い味方です。
> 具だくさんな汁もので満足度アップ！

> やっぱりこれだね！

安心の肉じゃが定食弁当

時短肉じゃが

材料
牛切り落とし肉…80g
じゃがいも…2個
にんじん…1/3本
玉ねぎ…1/4個

A
┌ めんつゆ(3倍濃縮タイプ)
│ …大さじ3
└ 砂糖…大さじ1

作り方

1. じゃがいもとにんじんは水で洗い、水けの残った状態で皮つきのままラップで包む。ともに電子レンジで4分ほど加熱し、じゃがいもは裏返してさらに1～2分加熱する。皮をむいてひと口大に切る。

2. 玉ねぎは薄切りにする。耐熱容器に入れてAを加え、ラップをして電子レンジで2分ほど加熱する。

3. 耐熱容器に牛肉、じゃがいも、にんじんを加え、再びラップをしてさらに1～2分加熱する。じゃがいもが固ければさらに加熱する。

(!) いったん加熱してから味つけすると、味がよくしみ込みます。

小松菜のナッツあえ

材料
小松菜…1/3束
ミックスナッツ…30g
めんつゆ(3倍濃縮タイプ)
…小さじ2
砂糖…小さじ1

作り方

1. 小松菜は塩少々（分量外）を加えた湯でさっとゆでてざるに上げ、しっかりと水けをしぼり、2cm長さに切る。ミックスナッツは粗く刻む。

2. ボウルにすべての材料を入れてよくあえる。

具だくさんみそ汁

材料
豚バラ薄切り肉…30g
大根…1cm
にんじん…2cm
しめじ…40g
みそ…小さじ2～大さじ1
だし汁…1と1/2カップ

作り方

1. 豚肉は1cm幅に切る。大根とにんじんは3～4mm厚さのいちょう切りにする。しめじはほぐす。

2. 鍋に豚肉、大根、にんじん、だし汁を入れて中火で熱し、煮立ったらあくを取る。

3. しめじを加え、野菜がやわらかくなるまで煮る。

4. みそを溶き入れ、ひと煮立ちしたらスープジャーに移し、ふたをする。

(!) みその量はお好みで調節してください。

その他
ご飯…適量
昆布のつくだ煮(市販)…適量

詰め方 弁当箱の2/3ほどにご飯を詰めて昆布のつくだ煮をのせて白いりごま少々（分量外）をふり、残りのスペースに小松菜のナッツあえを詰める。別の容器に時短肉じゃがを入れ、ともに完全に冷めたらふたをする。

> あなたはもも派？ 胸派？

魅惑のチキン南蛮定食弁当

揚げないチキン南蛮

材料

鶏もも肉…大1/2枚（180g）
パセリのみじん切り…少々
溶き卵…適量
塩・こしょう…各少々
小麦粉…適量
サラダ油…適量
A
┌ 砂糖…大さじ1/2
│ しょうゆ…大さじ1/2
│ 酢…大さじ1/2
└ みりん…大さじ1/2

簡単タルタルソース
┌ ゆで卵の粗みじん切り
│ …1個分
│ 新しょうがの甘酢漬け
│ （市販）の粗みじん切り
│ …大さじ1
│ マヨネーズ…大さじ2
└ 塩・こしょう…各少々

作り方

1 鶏肉はひと口大に切り、塩、こしょうをふって5分ほどおく。小麦粉を薄くまぶし、溶き卵にくぐらせる。

2 フライパンにサラダ油を中火で熱し、鶏肉の皮目を下に入れて並べて焼く。こんがりとしたら裏返し、ふたをして3分ほど蒸し焼きにする。ふたを取り、Aを加えて煮詰める。

3 ボウルに簡単タルタルソースの材料をすべて入れ、よく混ぜ合わせる。

(!) 鶏胸肉でも作れます。お好みでどうぞ！

(!) 新しょうがのかわりにピクルスでもOK。

詰め方
弁当箱の半分ほどにご飯を詰めてふりかけをふる。残りのスペースの2/3ほどにリーフレタスを敷いて揚げないチキン南蛮の鶏肉をのせ、タルタルソースをかけ、パセリを散らす。最後に汁けをきったひじきと大豆のレンジ煮を詰める。完全に冷めたらふたをする。

ひじきと大豆のレンジ煮

材料

芽ひじき（乾燥）
…大さじ2（7g）
ゆで大豆…50g
ちくわ…1本

A
┌ 砂糖…小さじ2
│ 酒…小さじ2
│ しょうゆ…小さじ2
│ みりん…小さじ2
└ ごま油…小さじ1

作り方

1 耐熱容器に芽ひじきとたっぷりの水を入れ、電子レンジで3分ほど加熱してもどし、ざるに上げて水けをきる。

2 さっと洗った耐熱容器に芽ひじき、大豆、輪切りにしたちくわ、Aを入れて混ぜ合わせ、ラップをして電子レンジで4分ほど加熱する。冷蔵室に入れて冷やし、味をなじませる。

キャベツと落とし卵のみそ汁

材料

キャベツ…1枚
卵…1個
みそ…小さじ2〜大さじ1
だし汁…1と1/2カップ

作り方

1 キャベツは3mm幅の細切りにし、芯は1cm幅のそぎ切りにする。

2 鍋にだし汁を入れて中火で熱し、煮立ったらキャベツを加えて2分ほど煮る。

3 卵を割り入れ、ふたをして弱火で4分ほど煮る。みそを溶き入れ、ひと煮立ちしたらスープジャーに移し、ふたをする。

(!) みその量はお好みで調節してください。

その他

ご飯…適量
好みのふりかけ…適量
リーフレタス…適量

> 薄いころもをつけて、
> さっと焼くだけだから超簡単！
> 簡単タルタルソースが味の決め手です。

パワフル&スパイシー！
焼き肉となすのみそ炒めが
同時に仕上がる一石二鳥レシピ。
ほかの2品もあっという間に作れます。

> それでも食べたい!

禁断の焼き肉定食弁当

焼き肉となすのみそ炒め

材料
- 牛こま切れ肉…180g
- なす…1本
- サラダ油…大さじ1と1/2

A
- 豆板醤…小さじ1/2
- おろしにんにく…少々
- おろししょうが…少々
- 白いりごま…小さじ2
- みそ…大さじ1
- 砂糖…大さじ1
- みりん…大さじ1
- 酒…大さじ1

作り方

1. なすは乱切りにする。牛肉は5cm幅に切る。

2. フライパンにサラダ油を中火で熱し、牛肉となすを重ならないように並べて焼く。

3. 牛肉に火が通ったらAの2/3量を加えて全体を混ぜ合わせ、先に牛肉を取り出す。なすがしんなりしたらAの残りを加え、よくからめる。

ほうれん草のナムル

材料
- ほうれん草…1/3束

A
- 白すりごま…大さじ1
- ごま油…小さじ1
- しょうゆ…小さじ1

作り方

1. ほうれん草は水で洗い、水けの残った状態でラップで包んで、電子レンジで1分ほど加熱する。水にさらして水けをよくしぼり、3cm長さに切って、Aでよくあえる。

わかめスープ

材料
- カットわかめ…大さじ1(3g)
- 長ねぎ…5cm
- 白いりごま…小さじ1/2
- 鶏がらスープの素…小さじ1
- 塩・こしょう…各少々
- ごま油…小さじ1/2
- 水…1と1/2カップ

作り方

1. 長ねぎは細切りにする。

2. 鍋にカットわかめ、長ねぎ、鶏がらスープの素、水を入れて中火で熱し、長ねぎがしんなりしたら、塩、こしょうで味を調える。

3. ごま油を加え、ひと煮立ちしたらいりごまを散らし、スープジャーに移してふたをする。

その他

新しょうがの甘酢漬け(市販)…適量
3～4mm幅の斜め切りにする。

ご飯…適量

詰め方 弁当箱の3/4ほどにご飯を詰めて焼き肉となすのみそ炒めの牛肉をのせ、白いりごま少々(分量外)をふる。残りのスペースに焼き肉となすのみそ炒めのなすを詰める。同じ弁当箱か別の容器にほうれん草のナムルと新しょうがの甘酢漬けを詰める。完全に冷めたらふたをする。

> たまには魚も！

ちょっぴりヘルシー 焼き魚定食弁当

ぶりの塩こしょう焼き

材料
ぶりの切り身…1切れ
酒…小さじ1
塩…小さじ1/4
粗びき黒こしょう…適量
サラダ油…小さじ2

作り方
1. ぶりは酒と塩をふり、8分ほどおく。キッチンペーパーで水けをふき取り、黒こしょうをふる。
2. フライパンにサラダ油を中火で熱し、ぶりを入れて両面を2～3分ずつ焼く。

! ぶりのほか、めかじき、生鮭などでもおいしく作れます。

! 魚焼きグリルで焼いてもOKです。

れんこんのてり焼き

材料
れんこん…1/3節
片栗粉…大さじ1
サラダ油…適量

A
| 砂糖…小さじ1
| しょうゆ…小さじ1
| みりん…小さじ1
| 酒…小さじ1

作り方
1. れんこんは皮をむき、8mm幅の輪切りにして酢水にさらす。水けをきり、片栗粉を薄くまぶす。
2. フライパンにサラダ油を中火で熱し、れんこんを並べて焼く。片面に焼き色がついたら裏返し、もう片面が焼けたらAを加え、てりが出るまで煮からめる。

じゃがいもとほうれん草のみそ汁

材料
じゃがいも…1/2個
ほうれん草…20g
玉ねぎ…1/4個
みそ…小さじ2～大さじ1
だし汁…1と1/2カップ

作り方
1. じゃがいもは1.5cm角に切る。ほうれん草はさっとゆでて水けをしぼり、3cm長さに切る。玉ねぎは薄切りにする。
2. 鍋にじゃがいも、玉ねぎ、だし汁を入れて中火で熱し、7分ほど煮る。ほうれん草を加え、みそを溶き入れ、ひと煮立ちしたらスープジャーに移し、ふたをする。

! みその量はお好みで調節してください。

その他
ご飯…適量
赤じそのふりかけ…少々
好みの漬けもの…適量

詰め方 弁当箱にご飯を詰めて赤じそのふりかけをふり、好みの漬けものを添える。別の弁当箱にぶりの塩こしょう焼きと、れんこんのてり焼きを詰める。ひとつの弁当箱にまとめても可。完全に冷めたらふたをする。

"ぶりやめかじきは、
骨が少ないので
お弁当にぴったりの魚。
ぶり→れんこんの順に
焼くと効率がいいでしょう。"

> 電子レンジで作ると、
> 煮崩れもしにくく焦げつく心配もなし!
> 厚揚げで満足度アップも抜かりなく。

厚揚げでヘルシーにかさ増し！

ボリュームアップ さばみそ煮定食弁当

レンチンさばのみそ煮

[材料]
さばの切り身…半身1切れ
厚揚げ…1/3枚
しし唐辛子…6本

A
- しょうがの薄切り…1/3かけ分
- みそ…大さじ2
- 砂糖…大さじ2
- みりん…大さじ2
- 酒…大さじ2

[作り方]

1. さばは皮目に斜め十字の切り目を入れ、中骨を取り除き、食べやすい大きさに切る。厚揚げは油抜きし、2cm角に切る。

2. 耐熱容器にAを入れ、さばの皮目を上にしてのせ、さらに厚揚げとしし唐辛子を加える。

3. ラップをして電子レンジで4分ほど加熱し、全体をざっと混ぜ合わせる。さばの切り目の中までしっかり火が通ったらOK。

かぶのしょうが焼き

[材料]
かぶ…1個

A
- おろししょうが…小さじ1/2
- しょうゆ・みりん…各小さじ2

ごま油…小さじ2

[作り方]

1. かぶは茎を2cmほど残して葉を切り落とし、1cm幅に切る。

2. フライパンにごま油を中火で熱し、かぶを入れて両面に焼き色がつくまで焼く。

3. Aを加え、てりが出るまで煮からめる。

! かぶは茎のつけ根をよく水洗いしてください。

なめこと豆腐のみそ汁

[材料]
なめこ…1/4袋（40g）
木綿豆腐…小1/2丁
みそ…小さじ2〜大さじ1
だし汁…1と1/2カップ

[作り方]

1. なめこはさっと洗ってぬめりをとる。豆腐は1.5cm角に切る。

2. 鍋にだし汁を入れて中火で熱し、煮立ったらなめこと豆腐を加える。ひと煮立ちしたらみそを溶き入れ、再び煮立ったらスープジャーに移し、ふたをする。

! みその量はお好みで調節してください。

[その他]
梅干し（あれば赤じそも）…適量
ご飯…適量

詰め方　弁当箱の1/2ほどにご飯を詰めて梅干しをのせる。残りのスペースにレンチンさばのみそ煮と、かぶのしょうが焼きをバランスよく詰める。完全に冷めたらふたをする。

> 食いしんぼうの人気No.1おかず！

鶏のから揚げ300g定食弁当

鶏のから揚げ

材料

鶏もも肉…1枚 (300g)
片栗粉…適量
揚げ油…適量

A
溶き卵…1/2個分
おろししょうが…1/2かけ分
ごま油…小さじ1
しょうゆ…大さじ1
酒…小さじ1
塩・こしょう…各少々

作り方

1 鶏肉はひと口大に切る。ボウルに入れてAを加え、もみ込んで30分以上おく。

2 鍋に揚げ油を中温 (170℃) に熱し、1を1切れずつ片栗粉をまぶして鍋に入れ、5分ほど揚げる。ころもがきつね色になったら網に上げ、油をきる。

(!) 溶き卵の残り1/2個分は「きのこと卵のごまみそ汁」で使います。

(!) 鶏肉の下ごしらえは前の晩にやっておくとよいです。

キャベツの塩昆布あえ

材料

キャベツ…2枚 (100g)　　　塩…小さじ1/4
塩昆布…大さじ1

作り方

1 キャベツは小さめのざく切りにし、塩でもんで2分ほどおく。水けをよくしぼり、塩昆布であえる。

> **詰め方**
> 一方の弁当箱にリーフレタスの半量を敷き、鶏のから揚げを入れる。リーフレタスで仕切ってカレー風味のマカロニサラダとミニトマトを詰める。もう一方の弁当箱にご飯を詰めて鮭フレークをのせる。残りのスペースにキャベツの塩昆布あえを詰める。完全に冷めたらふたをする。

カレー風味のマカロニサラダ

材料

マカロニ…30g
ツナ(缶詰)…大さじ1
玉ねぎ…1/10個
きゅうり…1/4本

カレー粉…小さじ1/4
マヨネーズ…大さじ1
塩・こしょう…各適量

作り方

1 玉ねぎときゅうりは2〜3mm幅の薄切りにし、それぞれ塩ひとつまみでもんで2分ほどおく。玉ねぎは水にさらし、ざるに上げて水けをきる。きゅうりは水けをしぼる。

2 マカロニはパッケージの表示どおりにゆで、ざるに上げて水けをきる。

3 ボウルにマカロニを入れ、熱いうちに塩、こしょう各少々を加えて混ぜる。さらに玉ねぎ、きゅうり、缶汁をきったツナ、マヨネーズ、カレー粉を加え、よく混ぜる。

きのこと卵のごまみそ汁

材料

しめじ…30g
しいたけ…1個
溶き卵…1/2個分

白すりごま…小さじ2
みそ…小さじ2〜大さじ1
だし汁…1と1/2カップ

作り方

1 しめじは小房に分ける。しいたけは薄切りにする。

2 鍋にしめじ、しいたけ、だし汁を入れて中火で熱し、煮立ったらみそを溶き入れる。

3 溶き卵を加えてそっと混ぜ、すりごまを加える。スープジャーに移し、ふたをする。

(!) 「鶏のから揚げ」で残った溶き卵をここで使いきりましょう。

その他

リーフレタス…適量
ミニトマト…2個
ご飯…適量
鮭フレーク(市販)…適量

❝ ついに出ました！
ここでは鶏もも肉1枚をまるまる
から揚げにしちゃいました。
卵が入って少ししっとりとした、
冷めてもおいしいころもです。❞

おにぎり
サンドイッチ
おにぎらず

お弁当をゆっくり食べる時間がない日は、
おにぎりやサンドイッチがお役立ち。
もはや定番となったおにぎらずは、
おにぎりよりも簡単で、ボリューミーなのが魅力的です。
これさえあれば百人力！

RICE BALLS
[おにぎり]

うずらの卵
きんぴら ごぼう
焼き鳥

とにかく大きい！具だくさん！
爆弾おにぎり

材料（1個分）
きんぴらごぼう（市販）…20g
焼き鳥（缶詰）…20g
うずらの卵（水煮）…2個
ご飯…200g
焼きのり…全形1枚
塩…適量

作り方

1 ラップを広げ、ご飯を平らにのせ、中央に少しくぼみを作ってきんぴらごぼう、焼き鳥、うずらの卵をのせる。

2 包みながらご飯をまとめてソフトボール大に握り、塩をまぶしてのりを巻く。ラップで包んでしばらくおき、のりをなじませる。

[きんぴらごぼうを手作りする場合]
フライパンにごま油小さじ2を中火で熱し、ささがきにしたごぼうと細切りにしたにんじん合計100gほどを入れて炒める。しんなりしたら赤唐辛子の小口切り少々を加えて炒め、砂糖・しょうゆ・みりん・酒各大さじ1/2の合わせ調味料を加え、さっと炒め合わせる。

カルビ焼き肉

凝縮されたたれのおいしさ！
カルビおにぎり

材料（1個分）
カルビ焼き肉
　牛カルビ肉（焼き肉用）
　　…100g
　焼き肉のたれ
　　…大さじ1と1/2
　サラダ油…適量
ご飯…100〜150g
焼きのり…適量
塩…適量

作り方

1 カルビ焼き肉を作る。フライパンにサラダ油を中火で熱し、牛肉を入れて焼き、肉の色が変わったら焼き肉のたれを加えて炒め合わせる。粗熱をとり、1cm幅に切る。

2 ラップを広げ、ご飯を平らにのせ、中央に少しくぼみを作って1をのせる。

3 包みながらご飯をまとめて三角形に握り、塩をまぶしてのりを巻く。

相性ばっちり！
チーズおかかおにぎり

チーズ
おかか

材料（1個分）
プロセスチーズ…20g
おかか
　削り節…2g
　しょうゆ…少々
ご飯…100g
焼きのり…適量
塩…適量

作り方

1 チーズは8mm角に切り、ご飯と混ぜる。おかかの材料はよく混ぜる。

2 ラップを広げ、1のご飯を平らにのせ、三角形に握り、塩をまぶして側面にのりを巻く。ご飯が見えている部分におかかをまぶす。

RICE BALLS

特売の刺身で作ろう！
まぐろの角煮おにぎり

[材料]（1個分）
まぐろの角煮
　まぐろ（刺身）…5切れ（50g）
　しょうが…1/2かけ
　砂糖…大さじ1
　しょうゆ…大さじ1
　酒…1/4カップ
ご飯…100〜150g
焼きのり…適量
塩…適量

[作り方]

1 まぐろの角煮を作る。しょうがはせん切りにする。鍋に湯を沸かし、まぐろを入れてかるく湯通しし、1.5cm角に切る。鍋の湯を捨て、まぐろの角煮の材料をすべて入れて中火で熱し、汁けがなくなるまで煮る。

2 ボウルにご飯とまぐろの角煮を入れ、混ぜ合わせる。

3 ラップを広げ、2を平らにのせてから三角形に握り、塩をまぶしてのりを巻く。

おにぎり＋から揚げ
天むす風 鶏のから揚げおにぎり

[材料]（1個分）
鶏のから揚げ（市販）…1個
ご飯…150g
焼きのり…適量
塩…適量

[作り方]

1 ラップを広げ、ご飯を平らにのせ、中央に少しくぼみを作って鶏のから揚げをのせる。

2 写真のようにご飯をまとめて三角形に握り、塩をまぶしてのりを巻く。

巻いてから焼くから簡単！
コーンバターの肉巻きおにぎり

[材料]（1個分）
牛もも薄切り肉…2〜3枚
ホールコーン（缶詰）…大さじ1
ご飯…70g
三つ葉（好みで）…1本
バター…2g
焼き肉のたれ…大さじ1〜2
小麦粉…適量
サラダ油…適量

[作り方]

1 ボウルにご飯、コーン、バターを入れて混ぜ合わせる。

2 ラップを広げ、1を平らにのせてから俵形に握り、牛肉を巻いて小麦粉を薄くまぶす。

3 フライパンにサラダ油を中火で熱し、2を入れて転がしながら焼く。全体に焼き色がついたら焼き肉のたれを加え、よくからめる。好みでさっとゆでた三つ葉を巻く。

作るのもおもしろい！
とんカツ巻きおにぎり

さやいんげん
とんカツ

材料（作りやすい分量）
とんカツ（市販）…150g
さやいんげん…5〜6本
ご飯…300g
焼きのり…全形1枚
とんカツソース…適量
塩…適量

作り方

1　さやいんげんはさっとゆでて水けをきる。とんカツは1.5cm幅に切り、とんカツソースをかける。

2　ラップを広げ、のりをのせて塩をふり、ご飯を上3cmほど空けて平らにのせる。❸ご飯の真ん中にとんカツとさやいんげんを横に並べ、❹ラップを巻きすのようにして端から巻く。

3　❺断面が三角形になるよう形を整え、ラップをはがし、3cm幅に切る。

たくあん
青じそ
鮭フレーク

さっぱりウマい！
たくあんと鮭のしそおにぎり

⚠ 鮭フレークは塩鮭を焼いてほぐしたものでもOK。

材料（1個分）
たくあん…2切れ（20g）
鮭フレーク（市販）…小さじ2
青じそ…2枚
ご飯…120g
塩…適量

作り方

1　たくあんは粗みじん切りにし、ご飯と混ぜ合わせる。

2　ラップを広げ、1を平らにのせ、中央に少しくぼみを作って鮭フレークをのせる。

3　包みながらご飯をまとめて三角形に握り、塩をまぶして青じそを巻く。

ぷりっぷり！
えびマヨおにぎり

えびマヨ

材料（1個分）
えびマヨ
　むきえび…大4尾
　マヨネーズ…大さじ1
　しょうゆ…小さじ1
　塩・こしょう…各少々
ご飯…100g
焼きのり…適量
塩…適量

作り方

1　えびマヨを作る。むきえびは塩少々（分量外）を加えた湯で3分ほどゆで、ざるに上げて水けをきる。ボウルにえびマヨの材料をすべて入れ、よく混ぜ合わせる。

2　ラップを広げ、ご飯を平らにのせ、中央に少しくぼみを作ってえびマヨをのせる。

3　包みながらご飯をまとめて俵形に握り、塩をまぶしてのりを巻く。

SANDWICHES
[サンドイッチ]

ゆで卵

グリーン
アスパラガス

きゅうり

ゆで卵2個分のボリューム!

大盛り卵サンド

材料（2切れ分）
- ゆで卵（P32参照）…2個
- きゅうり…1/2本
- グリーンアスパラガス…2〜3本
- 食パン（6枚切り）…2枚
- ディジョンマスタード…適量
- マヨネーズ…大さじ2
- バター…適量
- 塩・こしょう…各少々

作り方

1 ゆで卵は粗みじん切りにする。アスパラガスは塩少々（分量外）を加えた湯でさっとゆでて水けをきる。きゅうりは食パンと同じ長さに切ってから薄切りにする。

2 ボウルにゆで卵、マヨネーズ、塩、こしょうを入れ、よく混ぜる。

3 食パンの片面にバターとマスタードを薄く塗る。1枚にきゅうり、2、長さを半分に切ったアスパラガスを順にのせてもう1枚ではさむ。上からかるく押さえてなじませ、耳を切り落とし、斜め半分に切る。

ポテトサラダ

ホールコーン

2つの具が楽しめる!

大盛りポテサラコーンサンド

材料（3切れ分）
- ポテトサラダ（市販）…150g
- ホールコーン（缶詰）…大さじ3
- 食パン（6枚切り）…3枚
- マヨネーズ…大さじ2
- バター…適量

作り方

1 コーンとマヨネーズは混ぜ合わせる。

2 食パン1枚の片面にバターを塗り、ポテトサラダをのせ、両面にバターを塗った食パンを重ねる。コーンをのせ、片面にバターを塗った食パンではさみ、上からかるく押さえてなじませる。

3 食パンの耳を切り落とし、3等分に切る。

> 炭水化物の競演！

ナポリタンポケットサンド

材料（4切れ分）

ナポリタンスパゲッティ
- スパゲッティ…100g
- 玉ねぎ…1/2個
- にんじん…1/5本
- ピーマン…2個
- ウインナソーセージ…4本
- A
  - トマトケチャップ…大さじ3
  - 中濃ソース…大さじ1
  - 砂糖…小さじ1
- 塩・こしょう…各少々
- サラダ油…適量

食パン（4枚切り）…2枚

作り方

1. ナポリタンスパゲッティを作る。玉ねぎは薄切りにする。にんじんは1cm幅の短冊切りにする。ピーマンは細切りにする。ソーセージは3等分の斜め切りにする。

2. 鍋にたっぷりの湯を沸かし、塩少々（分量外）を加え、スパゲッティをパッケージの表示どおりにゆでる。

3. フライパンにサラダ油を中火で熱し、玉ねぎとにんじんを入れて炒める。玉ねぎがしんなりしたらピーマンとソーセージを加え、さらに炒める。

4. スパゲッティとAを加えて手早く混ぜ合わせ、塩、こしょうで味を調える。

5. 食パンは半分に切り、断面に深く切り目を入れ、ナポリタンスパゲッティを入れる。

> 具だくさん！

メキシカンバゲットサンド

材料（1切れ分）

- チリビーンズ（市販）…大さじ2～3
- サルサソース（市販）…適量
- スライスチーズ（チェダー）…1/2枚
- フリルレタス…1枚
- バゲット…15cm
- バター…適量

作り方

1. バゲットは横に深く切り目を入れ、かるくトーストして内側にバターを薄く塗る。フリルレタス、チリビーンズ、スライスチーズ、サルサソースをはさむ。

ONIGIRAZU
[おにぎらず]

ツナポテト

さやいんげん

サンドイッチにもよく合う具！
ツナポテト おにぎらず

材料（2個分）
- じゃがいも…1個
- ツナ（缶詰）…1/3缶
- さやいんげん…6〜8本
- ご飯…180g
- 焼きのり…全形1枚
- マヨネーズ…大さじ2
- 塩・こしょう…各少々

作り方

1 さやいんげんは塩少々（分量外）を加えた湯でさっとゆでて水けをきり、7cm長さに切る。

2 じゃがいもは水で洗い、水けの残った状態で皮つきのままラップで包み、電子レンジで3分ほど加熱し、裏返してさらに1分ほど加熱する。やわらかくなったら皮をむき、ボウルに入れて、マッシャーなどでつぶす。

3 ボウルに缶汁をきったツナ、マヨネーズ、塩、こしょうを加え、よく混ぜる。

4 ラップを広げてのりをのせ、全体に塩をふる。中央にご飯の半量を平らにしてのせ、ひし形に整える。

5 ご飯の上に3と1をのせ、残りのご飯を重ね、のりを四隅からたたんでラップで包む。包み終わりを下にし、少し落ち着かせ、半分に切る。

にんじんのナムル　豚肉　もやしのナムル　ほうれん草のナムル

肉と野菜がたっぷり！
豚ビビンバおにぎらず

材料（2個分）
- 豚バラ薄切り肉…100g
- A
  - ごま油…小さじ1
  - 白すりごま…小さじ2
  - 鶏がらスープの素…小さじ1/2
  - 砂糖…大さじ1/2
  - みそ…小さじ1
  - しょうゆ…小さじ1
  - 酒…小さじ1
- 好みのナムル（市販）…適量
- ご飯…180g
- 塩…少々
- 焼きのり…全形1枚
- サラダ油…適量

作り方

1 豚肉は1cm幅に切り、ボウルに入れて、Aを加えてよくもみ込む。

2 フライパンにサラダ油を中火で熱し、豚肉を入れて2分ほど炒める。

3 ラップを広げてのりをのせ、全体に塩をふる。中央にご飯の半量を平らにしてのせ、ひし形に整える。

4 ご飯の上に2とナムルをのせ、残りのご飯を重ね、のりを四隅からたたんでラップで包む。包み終わりを下にし、少し落ち着かせ、半分に切る。

基本の作り方

 →  →  →

ふたまわりほど大きいラップの上にのりをのせ、全体に塩をふり、中央にご飯の半量をひし形にしてのせる。

具材をご飯の上にのせ、残りのご飯をのせる。

のりを四隅から折りたたみ、ご飯を完全に包み込む。その際、のりがやや割れてしまっても大丈夫。

ラップでしっかりと包み、しばらくおいて、のりをよくなじませる。半分に切るか、そのまま持っていってもよい。

おにぎらずならたっぷりはさめる！

カレーゆで卵おにぎらず

カレー
ゆで卵

材料（2個分）
カレー（市販）…大さじ2〜3
ゆで卵（P32参照）…1個
ご飯…180g
焼きのり…全形1枚
塩…少々

作り方

1 カレーはゆるい場合は煮詰める。

2 ラップを広げてのりをのせ、全体に塩をふる。中央にご飯の半量を平らにしてのせ、ひし形に整える。

3 ご飯の上にカレーとゆで卵をのせ、残りのご飯を重ね、のりを四隅からたたんでラップで包む。包み終わりを下にし、少し落ち着かせ、半分に切る。

朝ごはんっぽいおかずをそのまま具に！

ソーセージと卵のおにぎらず

ウインナソーセージ
卵

材料（2個分）
ウインナソーセージ…4本
卵…1個
ご飯…180g
焼きのり…全形1枚
マヨネーズ…小さじ2
塩…適量
サラダ油…適量

作り方

1 ボウルに卵を割り入れ、塩ひとつまみとマヨネーズを加え、菜箸で溶きほぐす。

2 フライパンにサラダ油を中火で熱し、ソーセージを入れて皮がパリッとするまで焼く。空いているスペースに1を流し入れ、菜箸でかき混ぜながら炒め、半熟になったら取り出す。

3 ラップを広げてのりをのせ、全体に塩少々をふる。中央にご飯の半量を平らにしてのせ、ひし形に整える。

4 ご飯の上に2をのせ、残りのご飯を重ね、のりを四隅からたたんでラップで包む。包み終わりを下にし、少し落ち着かせ、半分に切る。

食いしんぼうの夢!
むちゃぶり弁当

お弁当の常識を打ち破るアイデアが続出!
食いしんぼうが好きなラーメンも、お好み焼きも、
なんだってお弁当にできないことはありません。
ちょっとした工夫で、
あらゆるおかずはお弁当にできるのです。

できたてのおいしさ！

どこでもラーメン弁当

"
不可能と思われていたラーメンの弁当化をついに実現！スープを入れてほぐせば、まるでできたてのラーメンです。もちろんお好きなトッピングでめしあがれ。
"

材料

豚バラ薄切り肉…2枚
ゆで卵（P32参照）…1個
ほうれん草…1株
中華生麺…1玉
スープ
　みそ…大さじ1
　オイスターソース…大さじ1
　ごま油…小さじ1/2
　ラー油…少々
　めんつゆ（3倍濃縮タイプ）
　　…大さじ1と1/2
　水…1と1/2カップ
　こしょう…少々
塩・粗びき黒こしょう…各少々
サラダ油…適量

作り方

1. 鍋にスープの材料をすべて入れて中火で熱し、ひと煮立ちしたらスープジャーに移し、ふたをする。

2. ほうれん草は水で洗い、水けの残った状態でラップで包んで、電子レンジで1分ほど加熱する。水にさらして水けをよくしぼり、3cm長さに切る。

3. 豚肉は8cm幅に切り、塩、黒こしょうをふる。フライパンにサラダ油を中火で熱し、豚肉を入れて両面をこんがりと焼く。

4. 鍋にたっぷりの湯を沸かし、中華生麺を入れてパッケージの表示よりやや短めにゆで、ざるに上げて水けをよくきる。

5. 弁当箱に麺を詰め、豚肉、ほうれん草、半分に切ったゆで卵をのせる。完全に冷めたらふたをし、いただく直前にスープをかける。

> 大阪人も納得！

お好み焼き&ご飯弁当

お好み焼き

[材料]
豚バラ薄切り肉…4枚
シーフードミックス（冷凍）…50g
キャベツ…1枚(60g)
長ねぎ…10cm
天かす（好みで）…大さじ2
桜えび（乾燥）…大さじ2
ピザ用チーズ…大さじ2
卵…1個
小麦粉…大さじ5
水…大さじ3
サラダ油…適量

[作り方]

1 キャベツはせん切りにする。長ねぎは1cm幅の斜め切りにする。シーフードミックスは熱湯にさっとくぐらせて解凍し、水けをきる。

2 ボウルに卵を割り入れ、小麦粉と水を加えて菜箸でよく混ぜる。シーフードミックス、キャベツ、長ねぎ、天かす、桜えび、ピザ用チーズを加えてさらに混ぜる。

3 フライパンにサラダ油を中火で熱し、豚肉を広げて並べ、上に 2 をのせて広げ、5〜6分焼く。焼き色がついたら裏返し、さらに3〜4分焼く。

いんげんの梅あえ

[材料]
さやいんげん…8本
梅干し…1個

[作り方]

1 さやいんげんは塩ゆでして水けをきり、5cm長さに切る。梅干しは種を取り、包丁でたたく。ともにボウルに入れ、よくあえる。

[その他]
紅しょうが…適量
青のり…適量
削り節…適量
マヨネーズ…適量
お好み焼きソース…適量
ご飯…適量

詰め方 弁当箱にご飯を詰めてお好み焼きをのせる。ソースを塗って青のりと削り節をふり、マヨネーズをかけ、紅しょうがをのせる。すき間にいんげんの梅あえを詰める。全体が完全に冷めたらふたをする。

> いまだかつてない、お好み焼きにご飯を合わせた
> 本格派の大阪スタイルのお弁当。
> 具はお好みでチェンジ可能。いかやえびでも美味です。
> ご飯も好きなだけどうぞ。全食いしんぼう大満足のボリューム！

好きなだけ食べたい！

メガ盛りカツ丼弁当

材料

豚ロース肉（しょうが焼き用）
…2〜3枚

玉ねぎ…1/4個

溶き卵（カツ丼用）…2個分

ご飯…適量

きぬさや…10枚

しめじ…50g

紅しょうが…適量

A
├ めんつゆ（3倍濃縮タイプ）
│ …大さじ2と1/2
│ 砂糖…小さじ1
└ 水…1/2カップ

塩・こしょう…各適量

小麦粉…適量

溶き卵（ころも用）…適量

パン粉…適量

揚げ油…適量

作り方

1 玉ねぎは薄切りにする。しめじは小房に分ける。

2 豚肉は塩、こしょう各少々をふり、小麦粉を薄くまぶし、溶き卵（ころも用）にくぐらせ、パン粉を全体にまぶす。

3 フライパンに揚げ油を1cmの深さに入れて中温（180℃）に熱し、2を入れて4〜5分揚げる。網に上げて油をきり、2cm幅に切る。

4 鍋にAを入れて中火で熱し、煮立ったらきぬさやとしめじを加えて1分ほど煮、取り出して塩、こしょう各少々をふる。

5 同じ鍋に玉ねぎを加え、しんなりしてきたら3を加え、溶き卵（カツ丼用）を流し入れる。ふたをして2分ほど蒸し煮にし、卵にしっかりと火を通す。

6 弁当箱の4/5ほどにご飯を詰めて汁けをきった5をのせ、紅しょうがをのせる。残りのスペースにきぬさやとしめじを詰める。完全に冷めたらふたをする。

> 大きい！ だけど調理時間は短い！
> その秘密はしょうが焼き用の豚肉。
> 薄いので揚げ時間が短くて済みます。
> 忙しい朝にはとっても助かるひと工夫。

ラーメンのみならず！

大盛り油そば弁当

> ラーメンに続いて油そばも！
> スープは混ぜるだけでOK。
> とっても簡単に店の味を実現！

材料

中華生麺…2玉
チャーシューの薄切り（市販）
…2〜3枚
味つきメンマ（市販）…適量
なると（市販）…5cm
もやし…1/3袋
貝割れ菜…適量
スープ
　オイスターソース…小さじ1
　ごま油…大さじ1と1/2
　ラー油…少々
　砂糖…小さじ1
　しょうゆ…小さじ1
　酢…小さじ1
　鶏がらスープの素…大さじ1/2
　湯…大さじ1

作り方

1. もやしは水で洗い、水けの残った状態でラップで包んで、電子レンジで1分30秒ほど加熱し、水にさらして水けをよくきる。なるとは1.5cm幅の斜め切りにする。

2. 鍋にたっぷりの湯を沸かし、中華生麺を入れてパッケージの表示よりやや短めにゆで、ざるに上げて水けをよくきる。

3. 弁当箱に麺を詰め、もやし、なると、メンマ、チャーシュー、貝割れ菜をのせる。完全に冷めたらふたをする。

4. スープを作る。鶏がらスープの素は湯で溶き、密閉容器にすべての材料を入れる。いただく直前によく振り、3にかけてよくあえる。

> もはや弁当の限界を超えた!

あつあつあんかけチャーハン弁当

お店のクオリティ！スープジャーに入れておけばできたてのようなあんかけが食べられます。

材料

むきえび（冷凍）…中8尾
玉ねぎ…1/4個　にんじん…2cm
きくらげ…2g　万能ねぎ…2〜3本
A
　[溶き卵…1個分
　[マヨネーズ…大さじ1/2
ご飯…300g
しょうゆ…小さじ1
塩・こしょう…各少々
サラダ油…大さじ1
B
　[しょうゆ…小さじ1
　[酒…大さじ1
　[鶏がらスープの素…小さじ1/2
　[水…3/4カップ
　[塩・こしょう…各少々
水溶き片栗粉
　[片栗粉…小さじ2
　[水…大さじ1
ごま油…小さじ2

作り方

1 きくらげはたっぷりの水に10分ほどつけてもどす。むきえびは熱湯にさっとくぐらせて解凍する。玉ねぎは薄切りにする。にんじんは2〜3mm厚さの短冊切りにする。万能ねぎは2〜3cm長さに切る。

2 フライパンにサラダ油を中火で熱し、Aを流し入れたらすぐにご飯を加え、木べらで押しつけながらほぐし、パラパラになるまで炒める。しょうゆを回し入れてざっと混ぜ、塩、こしょうで味を調え、取り出す。弁当箱に詰め、完全に冷めたらふたをする。

3 フライパンをキッチンペーパーでさっとふき、ごま油を足して中火で熱し、えびを入れて炒める。色が変わったらいったん取り出す。

4 フライパンに玉ねぎとにんじんを入れ、しんなりするまで炒める。えびを戻し入れ、きくらげ、万能ねぎ、Bを加えてひと煮立ちさせる。直前に混ぜ合わせた水溶き片栗粉を加え、混ぜながら火を通してとろみをつけ、スープジャーに移してふたをする。いただく直前に2にかける。

> ちくわまるごと1本!

ビッグのり弁当

鮭のてり焼き

[材料]

甘塩鮭の切り身…1切れ
片栗粉…適量
サラダ油…小さじ2

A
├ みりん…大さじ1と1/2
├ 酒…大さじ1と1/2
└ しょうゆ…小さじ1

[作り方]

1. 鮭は片栗粉を薄くまぶす。
2. フライパンにサラダ油を中火で熱し、鮭を入れて両面を3〜4分ずつ焼く。
3. Aを加えて、てりが出るまでからめながら焼く。

ちくわの磯辺焼き

[材料]

ちくわ…大1本
青のり…大さじ1/2
塩…少々
小麦粉…大さじ2
水…大さじ2
サラダ油…大さじ1

[作り方]

1. バットに青のり、塩、小麦粉、水を入れてよく混ぜ、ちくわを入れて転がし、表面につける。
2. フライパンにサラダ油を中火で熱し、ちくわを入れて転がしながら表面に焼き色がつくまで焼く。

⚠ ちくわの内側にはころもが入らないよう注意！

レンチンきんぴら

[材料]

ごぼう…70g
にんじん…30g
酒…小さじ2
しょうゆ…小さじ2
みりん…小さじ2
砂糖…小さじ2
ごま油…小さじ1

[作り方]

1. ごぼうとにんじんは細切りにする。
2. 耐熱容器にごぼう、にんじん、酒、みりん、砂糖を入れてざっと混ぜ、ラップをして電子レンジで2分ほど加熱する。
3. いったん取り出してしょうゆとごま油を加え混ぜ、再びラップをして電子レンジでさらに2分ほど加熱する。

[その他]

焼きのり…適量

おかか…適量
削り節適量としょうゆ適量をよく混ぜる。

ご飯…適量

たくあん…適量
1cm幅の輪切りにする。

 詰め方　弁当箱にご飯を詰めておかかを散らし、弁当箱よりやや小さめに切ったのりを重ねる。鮭のてり焼き、ちくわの磯辺焼き、レンチンきんぴらをバランスよくのせ、たくあんを添える。完全に冷めたらふたをする。

> " ちくわは表面を揚げ焼きにするだけなので意外と簡単！
> 塩鮭をてり焼きにするとおいしいです。
> きんぴらもレンチンで作れますし、
> 見た目より手間のかからないすぐれもののお弁当おかずです。

鶏肉！ベーコン！ソーセージ！

トリプルグリル弁当

材料

鶏もも肉…1/3枚（100g）
ベーコン（かたまり）
…厚さ1cm×長さ10cm
ウインナソーセージ…4本
じゃがいも…1個
グリーンアスパラガス…3本
酒…大さじ2
粗びき黒こしょう…少々
塩・こしょう…各少々
サラダ油…小さじ2
ご飯…適量
梅干し…1個
ミニトマト…5個
リーフレタス…適量
黒いりごま…適量

作り方

1 アスパラガスは長さを2等分に切る。ソーセージは斜めに数か所切り目を入れる。鶏肉は塩、こしょうをふる。

2 じゃがいもは水で洗い、水けの残った状態で皮つきのままラップで包み、電子レンジで3分ほど加熱し、裏返してさらに1分ほど加熱する。やわらかくなったら皮をむき、ひと口大に切る。

3 フライパンにサラダ油を強火で熱し、鶏肉の皮目を下に入れて1分ほど焼く。さらにふたをして弱火で3〜4分、鶏肉を裏返して2〜3分焼く。残りのスペースにベーコン、ソーセージ、じゃがいも、アスパラガスを並べて焼く。鶏肉以外はそれぞれ火が通ったら取り出し、ベーコンには黒こしょう、じゃがいもとアスパラガスには塩、こしょうをふる。

4 鶏肉に酒をふり、ふたをしてさらに1〜2分焼く。取り出して粗熱をとり、食べやすい大きさに切る。

5 2段式の弁当箱の一方に2/3ほどご飯を詰めていりごまをふり、梅干しをのせる。残ったスペースにリーフレタスを敷き込み、鶏肉をのせる。もう一方の弁当箱に残りのおかずとミニトマトをバランスよく詰める。完全に冷めたらふたをする。

"
結局こういうのがいいんです！
鶏肉、ベーコン、ソーセージを焼いただけ。
でも、このシンプルさが本当にたまらなくて…。
フライパンで一度に焼けるから作るのも超簡単！
"

PART 05

作っておくと超助かる！
ヘルシーな野菜の常備菜

食いしんぼうは肉が好き！…とはいえ
やはり野菜も食べたほうがよいのです。
ここでは作っておくとちょうどよいお弁当の副菜になる
常備菜のレシピを紹介。まとめて作っておけば、
副菜を作る余裕のないときでも、
さっと一品追加できます。

CARROT
[にんじん]

あえるだけ！
にんじんごまあえ
[冷蔵室で3〜4日保存可]

材料（作りやすい分量）
にんじん…大2本（300g）
白練りごま…大さじ2
白いりごま…小さじ2
しょうゆ…大さじ1

作り方
1. にんじんは2〜3mm厚さの短冊切りにし、やわらかくなるまでゆでて水けをきる。ボウルにすべての材料を入れ、よくあえる。

さっぱりウマい！
キャロットラペ
[冷蔵室で3〜4日保存可]

材料（作りやすい分量）
にんじん…大2本（300g）
オリーブオイル…大さじ2
白ワインビネガー
（または酢）…大さじ1〜2
塩…小さじ1
粗びき黒こしょう…小さじ1/2

作り方
1. にんじんはスライサーで細切りにする（スライサーがない場合はできるだけ細い細切りにする）。塩でもんで5分ほどおき、水けをしぼる。
2. ボウルにすべての材料を入れ、よくあえる。

「キョ」はらっきょうの「きょ」！
キョロット
[冷蔵室で3〜4日保存可]

材料（作りやすい分量）
にんじん…大2本（300g）
らっきょう（市販）…15g
らっきょうの漬け汁
…大さじ3〜4
赤唐辛子の小口切り
…1本分
塩…小さじ1/2

作り方
1. にんじんは5cm長さに切り、ピーラーで薄切りにし、塩でもんで5分ほどおき、水けをしぼる。らっきょうは薄切りにする。
2. 密閉容器にすべての材料を入れてざっと混ぜ、冷蔵室で1〜2時間漬ける。

SPINACH
[ほうれん草]

> パンチが効いてる！

ペペロンほうれん草
[冷蔵室で2〜3日保存可]

材料（作りやすい分量）

ほうれん草…2束　塩…小さじ1
にんにく…1かけ　こしょう…少々
赤唐辛子…2本　オリーブオイル…大さじ2

作り方

1. ほうれん草は塩少々（分量外）を加えた湯で1〜2分ほどゆで、水にさらし、水けをしぼって3cm長さに切る。にんにくは薄切りにする。

2. フライパンににんにく、赤唐辛子、オリーブオイルを入れて弱火で熱し、香りが立ったらほうれん草を加えて中火で炒め、塩、こしょうで味を調える。

> カリカリに焼いて！

ほうれん草のベーコン炒め
[冷蔵室で3〜4日保存可]

材料（作りやすい分量）

ほうれん草…2束
ベーコン…4枚
しょうゆ…大さじ1
塩・こしょう…各少々
サラダ油…大さじ1

作り方

1. ほうれん草は塩少々（分量外）を加えた湯で1〜2分ほどゆで、水にさらし、水けをしぼって3cm長さに切る。ベーコンは1cm幅に切る。

2. フライパンにサラダ油を中火で熱し、ベーコンを入れてカリッとするまで炒める。ほうれん草を加えてさっと炒め、しょうゆを回し入れ、塩、こしょうで味を調える。

> ちょっとしたサラダとして！

ほうれん草とハムのマヨあえ
[冷蔵室で2〜3日保存可]

材料（作りやすい分量）

ほうれん草…2束
ハム…4枚
マヨネーズ…大さじ2
練りがらし…小さじ1
こしょう…小さじ1/2
塩…少々

作り方

1. ほうれん草は塩少々（分量外）を加えた湯で1〜2分ほどゆで、水にさらし、水けをしぼって3cm長さに切る。ハムは8等分に切る。

2. ボウルにすべての材料を入れ、よくあえる。

DAIKON
[大根]

皮も葉もムダなく使いきる！

大根の皮と葉の カリカリベーコン炒め
[冷蔵室で2～3日保存可]

材料（作りやすい分量）
- 大根の皮…1本分
- 大根の葉…1本分
- ベーコン…2枚
- A
  - 洋風スープの素（顆粒）…小さじ1/2
  - 塩…小さじ1/4
  - こしょう…小さじ1/4
- サラダ油…大さじ1

作り方
1. 大根の皮とベーコンは5cm長さの細切りにする。大根の葉は粗みじん切りにする。
2. フライパンを中火で熱し、ベーコンを入れて炒り、カリカリになったらいったん取り出す。
3. サラダ油を足して中火で熱し、大根の皮と葉を入れて炒め、しんなりしてきたらAを加え混ぜ、ベーコンを戻し入れて全体をざっと炒め合わせる。

箸休めに最適！

甘酢大根
[冷蔵室で3～4日保存可]

材料（作りやすい分量）
- 大根…大1/2本
- 赤唐辛子の小口切り…1本分
- 酢…大さじ7
- 砂糖…大さじ7
- 塩…大さじ1

作り方
1. 大根は5cm長さの拍子木切りにする。塩でもんで10分ほどおき、水けをしぼる。
2. 密閉容器に砂糖と酢を入れてよく混ぜ、大根と赤唐辛子を加え、冷蔵室で1～2時間漬ける。

しっかり味！

大根とちくわの煮もの
[冷蔵室で2～3日保存可]

材料（作りやすい分量）
- 大根…大1/2本
- ちくわ…4本
- こんにゃく…1枚
- だし汁…適量
- サラダ油…適量
- A
  - 砂糖…大さじ2
  - 酒…大さじ2
  - しょうゆ…大さじ2
  - みりん…大さじ2
  - だし汁…1カップ

作り方
1. 大根は2cm厚さのいちょう切りにし、かぶるくらいのだし汁で15分ほどゆで、ざるに上げて汁をきる。ちくわは8mm幅の輪切りにする。こんにゃくは両面に格子状に切り込みを入れ、1.5cm角に切る。
2. フライパンにサラダ油を中火で熱し、大根、ちくわ、こんにゃくを入れて3分ほど炒め、Aの調味料を加えて弱火にし、汁けがなくなるまで煮詰める。

CABBAGE
[キャベツ]

しょうがでさわやか！
キャベツとかに風味かまぼこのしょうが入りコールスロー
[冷蔵室で3〜4日保存可]

材料（作りやすい分量）
- キャベツ…1/2個
- かに風味かまぼこ…4本
- 玉ねぎ…1/4個
- しょうが…1かけ
- 酢…大さじ4
- 砂糖…大さじ1
- 塩…小さじ1

作り方
1. キャベツの芯は薄いそぎ切りにし、葉は4cm長さのせん切りにする。玉ねぎは1cm幅の薄切りにする。しょうがはみじん切りにする。かに風味かまぼこは縦に裂く。
2. ボウルにキャベツ、玉ねぎ、しょうがを入れ、塩でもんで10分ほどおき、水けをしぼる。
3. 密閉容器に砂糖と酢を入れてよく混ぜ、2とかに風味かまぼこを加えてざっと混ぜ、冷蔵室で1〜2時間漬ける。

ほんの数秒ゆでるだけ！
キャベツのだし酢びたし
[冷蔵室で4〜5日保存可]

材料（作りやすい分量）
- キャベツ…1/2個
- だし汁…2カップ
- しょうゆ…大さじ3
- 酢…大さじ3
- 塩…小さじ1/2

作り方
1. キャベツはひと口大に切り、さっとゆでてざるに上げ、水けをよくきる。
2. 密閉容器にすべての材料を入れてざっと混ぜ、冷蔵室で1〜2時間漬ける。

ご飯がすすむ！
キャベツとメンマのピリ辛あえ
[冷蔵室で2〜3日保存可]

材料（作りやすい分量）
- キャベツ…1/2個
- 味つきメンマ（市販）…80g
- 長ねぎ…1/2本
- めんつゆ（3倍濃縮タイプ）…大さじ1
- 豆板醤…小さじ1/2〜1
- ごま油…大さじ1

作り方
1. キャベツはひと口大に切り、さっとゆでてざるに上げ、水けをよくきる。長ねぎは5mm幅の斜め切りにする。メンマは細切りにする。
2. 密閉容器に豆板醤、ごま油、めんつゆを入れてよく混ぜ、キャベツ、長ねぎ、メンマを加え、冷蔵室で1〜2時間漬ける。

POTATO
[じゃがいも]

主菜級の存在感！
ジャーマンポテトソーセージ
[冷蔵室で2〜3日保存可]

材料（作りやすい分量）
- じゃがいも…5個
- ウインナソーセージ…8本
- ドライパセリ（あれば）…適量
- 粒マスタード…大さじ1
- 塩…小さじ1
- こしょう…適量
- オリーブオイル…大さじ2

作り方

1. じゃがいもはひと口大に切る。ソーセージは3等分の斜め切りにする。

2. 鍋にじゃがいもとかぶるくらいの水を入れて中火で熱し、やわらかくなったらざるに上げ、湯を捨ててまた鍋に戻し入れる。中火で熱し、鍋を揺すりながら1〜2分熱して水けをとばし、粉ふきにする。

3. フライパンにオリーブオイルを中火で熱し、ソーセージを入れて炒める。皮がパリッとしたらじゃがいもを加え、ほんのりと焼き色がつくまで炒める。

4. 粒マスタードを加え混ぜ、塩、こしょうで味を調える。あればドライパセリを加え混ぜる。

食べ応え満点の副菜！
じゃがいものコンビーフ炒め
[冷蔵室で2〜3日保存可]

材料（作りやすい分量）
- じゃがいも…5個
- コンビーフ…1缶（100g）
- 玉ねぎ…1個
- 塩…小さじ1弱
- こしょう…少々
- オリーブオイル…大さじ1

作り方

1. じゃがいもは4〜6等分のくし形切りにする。玉ねぎは5mm幅の薄切りにする。

2. 鍋にじゃがいもとかぶるくらいの水を入れて中火で熱し、やわらかくなったらざるに上げて水けをきる。

3. フライパンにオリーブオイルを中火で熱し、玉ねぎを入れて炒める。しんなりしたらほぐしたコンビーフとじゃがいもを加えて炒め合わせ、塩、こしょうで味を調える。

こしょうはたっぷりと！
黒こしょうのツナポテト
[冷蔵室で3〜4日保存可]

材料（作りやすい分量）
- じゃがいも…5個
- 玉ねぎ…1/2個
- ツナ（缶詰）…1缶（80g）
- グリーンピース（冷凍）…大さじ3〜4
- マヨネーズ…大さじ3
- 塩…小さじ1/2強
- 粗びき黒こしょう…適量

作り方

1. じゃがいもはひと口大に切る。鍋にじゃがいもとかぶるくらいの水を入れて中火で熱し、やわらかくなったらざるに上げ、湯を捨ててまた鍋に戻し入れる。中火で熱し、鍋を揺すりながら1〜2分熱して水けをとばし、粉ふきにする。

2. 玉ねぎは3mm幅の薄切りにし、透きとおる程度にさっとゆで、水けをきる。グリーンピースは解凍する。ツナは缶汁をきる。

3. ボウルにすべての材料を入れ、よくあえる。

BURDOCK
[ごぼう]

パンチが効いてる！
ごぼうとコーンの**マヨマリネ**
[冷蔵室で2～3日保存可]

材料（作りやすい分量）
- ごぼう…1本
- ホールコーン（缶詰）…120g
- A
  - マヨネーズ…大さじ3
  - ゆずこしょう…小さじ1
  - レモン汁…小さじ1/2
- 塩…小さじ1/2
- こしょう…適量

作り方
1. ごぼうは5cm長さの太めのせん切りにする。
2. 鍋にごぼうとかぶるくらいの水を入れて中火で熱し、ごぼうがやわらかくなるまでゆでる。
3. ざるに上げて水けをきり、ボウルに移して熱いうちに塩をふり、Aを加えてよくあえる。さらにコーンを加えてざっと混ぜ、こしょうをふる。

食感に満足！
ごぼうの**みそごまあえ**
[冷蔵室で3～4日保存可]

材料（作りやすい分量）
- ごぼう…1本
- 白すりごま…大さじ4
- みそ…大さじ2
- 砂糖…大さじ2
- 水…1と1/2カップ

作り方
1. ごぼうは5cm長さに切って四つ割りにする。
2. 鍋にすりごま以外の材料をすべて入れて中火で熱し、水けがほとんどなくなるまで煮詰める。
3. すりごまを加えてさっと混ぜる。

ヘルシー食材せいぞろい！
ごぼうの**ひじき煮**
[冷蔵室で3～4日保存可]

材料（作りやすい分量）
- ごぼう…1本
- 芽ひじき（乾燥）…10g
- にんじん…1/3本
- こんにゃく…小1/2枚（100g）
- 油揚げ…2枚
- A
  - 砂糖…大さじ3
  - しょうゆ…大さじ3
  - みりん…大さじ3
  - だし汁…1カップ
- ごま油…大さじ1

作り方
1. ごぼうはささがきにする。にんじん、油揚げ、こんにゃくは4cm長さの短冊切りにする。芽ひじきはたっぷりの水につけてもどし、水けをきる。
2. 鍋にごま油を中火で熱し、1を入れて炒める。ごぼうがやわらかくなったらAを加え、汁がなくなるまで煮詰める。

DRIED DAIKON STRIPS

[切り干し大根]

人気のカレー風味！

切り干し大根の カレー炒め

[冷蔵室で2〜3日保存可]

材料（作りやすい分量）

- 切り干し大根…50g
- 豚ひき肉…150g
- 玉ねぎ…1/2個
- さやいんげん…8本
- A
  - カレー粉…大さじ1
  - 洋風スープの素（顆粒）…小さじ1
  - しょうゆ…大さじ1
  - 酒…大さじ2
  - 砂糖…小さじ2
- 塩・こしょう…各少々
- サラダ油…小さじ2

作り方

1. 切り干し大根はたっぷりの水につけてもどし、水けをしぼる。長いものは5㎝長さに切る。玉ねぎは1㎝幅の薄切りにする。さやいんげんは1㎝幅に切る。

2. フライパンにサラダ油を中火で熱し、ひき肉、玉ねぎ、さやいんげんを入れて炒める。肉の色が変わったら切り干し大根を加えて炒め合わせ、Aを加え混ぜ、塩、こしょうで味を調える。

ボリューム感ある副菜！

切り干し大根の ツナマヨサラダ

[冷蔵室で3〜4日保存可]

材料（作りやすい分量）

- 切り干し大根…50g
- にんじん…1/2本
- ツナ（缶詰）…大1缶(165g)
- 白すりごま…大さじ2
- マヨネーズ…大さじ4
- しょうゆ…大さじ1
- 砂糖…小さじ1/2
- 塩…ひとつまみ
- こしょう…少々
- ごま油…小さじ1

作り方

1. 切り干し大根はたっぷりの水につけてもどし、しっかり水けをしぼる。長いものは5㎝長さに切る。にんじんは4㎝長さの細切りにし、塩でもんで3分ほどおき、水けをしぼる。ツナは缶汁をきる。

2. ボウルにすべての材料を入れ、よくあえる。

材料（作りやすい分量）

- 切り干し大根…50g
- ハム…4枚
- 玉ねぎ…1/2個
- ピーマン…2個
- A
  - トマトケチャップ…大さじ4
  - ウスターソース…大さじ1
  - 砂糖…小さじ1
- 塩・こしょう…各適量
- オリーブオイル…大さじ1

作り方

1. 切り干し大根はたっぷりの水につけてもどし、水けをしぼる。長いものは7㎝長さに切る。玉ねぎは3mm幅の薄切りにする。ピーマンとハムは細切りにする。

2. フライパンにオリーブオイルを中火で熱し、玉ねぎを入れて炒める。しんなりしたら切り干し大根、ピーマン、ハムを加え、ピーマンがしんなりするまでざっと炒め合わせる。

3. Aを加えて全体によくなじませ、塩、こしょうで味を調える。

パスタで作るよりおいしい！

切り干し大根の ナポリタン風

[冷蔵室で2〜3日保存可]

LOTUS ROOT
[れんこん]

異なる食感のコラボ！
れんこんと こんにゃくの 甘みそ炒め
[冷蔵室で2〜3日保存可]

材料 （作りやすい分量）
- れんこん…1節
- こんにゃく…1枚（200g）
- 合いびき肉…100g
- しょうゆ…大さじ1
- A
  - 砂糖…大さじ3
  - みそ…大さじ2
  - 酒…大さじ2
  - 酢…大さじ1
- サラダ油…大さじ1

作り方
1. れんこんは小さめの乱切りにし、酢水に5分ほどさらして、ざるに上げて水をきる。ボウルに移し、しょうゆを加えてあえる。
2. こんにゃくはさっとゆで、手でひと口大にちぎる。
3. フライパンにサラダ油を中火で熱し、れんこんを入れて炒める。焼き色がついたらこんにゃくとひき肉を加え、肉の色が変わるまで炒め合わせる。
4. Aを加え、汁けがなくなるまで煮詰める。

カリカリに焼いて！
れんこんの 塩昆布きんぴら
[冷蔵室で3〜4日保存可]

材料 （作りやすい分量）
- れんこん…1節
- 塩昆布…15g
- ピーマン…3個
- 赤唐辛子の小口切り…1本分
- 酒…大さじ2
- 塩…小さじ1/4弱
- ごま油…大さじ1

作り方
1. れんこんは5mm厚さのいちょう切りにし、酢水に5分ほどさらし、ざるに上げて水けをきる。ピーマンは細切りにする。
2. フライパンにごま油と赤唐辛子を弱火で熱し、香りが立ったられんこんを入れて炒め、透きとおってきたらピーマンを加えてしんなりするまで炒める。
3. 酒を加えてふたをし、弱火にして3分ほど蒸し焼きにする。
4. 火を止め、塩昆布を加えて混ぜ合わせ、塩で味を調える。

さわやかおしゃれ味！
れんこんの バジルあえ
[冷蔵室で2〜3日保存可]

材料 （作りやすい分量）
- れんこん…1節
- バジルペースト
  - バジル…15g
  - ミックスナッツ…15g
  - オリーブオイル…大さじ2
  - 粉チーズ…大さじ1
  - 塩…小さじ1/4強
  - こしょう…少々
- 片栗粉…適量
- オリーブオイル…大さじ1〜2

作り方
1. フードプロセッサーにバジルペーストの材料をすべて入れ、なめらかになるまで撹拌する。
2. れんこんは1cm幅の半月切りにし、酢水に5分ほどさらし、水けをきって片栗粉をまぶす。
3. フライパンにオリーブオイルを中火で熱し、れんこんを入れて両面に焼き色がつくまで焼く。
4. ボウルにれんこんと1を入れ、よくあえる。

MUSHROOM
[きのこ]

しょうがが効いてる!
ねぎ塩きのこ
[冷蔵室で2〜3日保存可]

材料（作りやすい分量）
- しめじ…1パック
- えのきたけ…1パック
- しいたけ…6個
- 長ねぎ…1本
- 塩・粗びき黒こしょう…各適量
- ごま油…大さじ2

A
- おろししょうが…1かけ分
- 鶏がらスープの素…大さじ1/2
- 酒…大さじ2

作り方
1. しめじとえのきたけはほぐす。しいたけは5mm幅の薄切りにする。長ねぎは1cm幅の斜め切りにする。
2. フライパンにごま油を中火で熱し、長ねぎを入れて炒める。香りが立ったらしめじ、えのきたけ、しいたけを加えてしんなりするまで炒める。
3. Aを加えてふたをし、弱火で2分ほど蒸し焼きにする。塩、黒こしょうで味を調える。

味が深くしみ込む!
きのこのつくだ煮
[冷蔵室で3〜4日保存可]

材料（作りやすい分量）
- しめじ…大1パック(200g)
- えのきたけ…1パック
- しょうが…1かけ

A
- 砂糖…大さじ2
- しょうゆ…大さじ2
- 酒…大さじ1
- みりん…大さじ1

- ごま油…大さじ1

作り方
1. しめじとえのきたけはほぐす。しょうがはせん切りにする。
2. フライパンにごま油を中火で熱し、1を入れて炒める。しんなりしたらAを回し入れ、汁けがなくなるまで煮詰める。

これだけでご飯何杯でも!
エリンギの オイスターソース焼き
[冷蔵室で2〜3日保存可]

材料（作りやすい分量）
- エリンギ…3パック
- 小麦粉…適量

A
- オイスターソース…大さじ2
- みりん…大さじ2

- サラダ油…大さじ2

作り方
1. エリンギは四つ割りにし、5cm長さに切って、小麦粉をまぶす。
2. フライパンにサラダ油を中火で熱し、エリンギを並べて焼く。焼き色がついたらAを回し入れ、汁けがなくなるまで煮詰める。

おまけ 前日から仕込む ぜいたく弁当

少々手間はかかるけど、そのぶん抜群においしいお弁当を紹介。
ここぞの勝負の日には「ぜいたく弁当」をぜひ!

とろとろ
ルーローハン弁当

時間はかかりますが煮るだけなので意外と簡単。
豚肉の甘辛煮だけ食べてもおいしいですよ!

【材料】

豚肉の甘辛煮(作りやすい分量)
- 豚バラかたまり肉…300g
- ゆで卵(P32参照)…4個
- しょうが…1かけ
- 五香粉(あれば)…小さじ1
- A
  - オイスターソース…大さじ1
  - 砂糖(あれば黒砂糖)…大さじ3〜4
  - 酒…大さじ4
  - しょうゆ…大さじ3
  - 酢…大さじ1
  - 水…2カップ
- ごま油…小さじ2
- チンゲンサイ…葉2枚
- ご飯…適量
- 塩…少々
- ごま油…適量

【作り方】

前日

1 豚肉の甘辛煮を作る。豚肉は2cm幅に切る。しょうがはみじん切りにする。

2 鍋にごま油としょうがを入れて弱火で熱し、香りが立ったら豚肉を加えて中火で炒める。肉の色が変わったら、あれば五香粉をふり、Aを加えて30〜40分煮る。

3 火を止め、そのままおいて粗熱をとり、ジッパーつき保存袋にゆで卵といっしょに入れ、バットなどにのせて冷蔵室にひと晩おく。

当日

4 チンゲンサイはさっとゆで、ざるに上げて水けをきり、塩とごま油であえる。

5 弁当箱にご飯を詰めて3の1/4量をのせ(汁も)、半分に切ったゆで卵とチンゲンサイを添える。完全に冷めたらふたをする。

ぜいたく弁当

ピーマンのみそ炒め
細切りにしたピーマン＋赤ピーマン2と1/2個分を、サラダ油小さじ2を熱したフライパンで炒め、A（みそ大さじ1＋砂糖小さじ2＋酒大さじ1）を加え混ぜる。

かにかま卵
ボウルに卵1個を割り入れ、マヨネーズ大さじ1/2、塩・こしょう各少々を加えてほぐし混ぜる。サラダ油大さじ1を熱した卵焼き器に流し入れ、かに風味かまぼこ2本を軸にして卵焼きを作る（P32参照）。

ご飯

におわないギョウザ弁当

にんにくなしでもウマい！
これなら
外出先でも安心です。

材料（ギョウザ14個分）

豚ひき肉…100g
キャベツ…2〜3枚（120g）
長ねぎ…1/2本
ギョウザの皮…14枚
片栗粉…適量
A
　おろししょうが…1/2かけ分
　オイスターソース…小さじ1
　ごま油…小さじ1
　しょうゆ…小さじ1
　塩…小さじ1/2
　こしょう…少々
水…1/3カップ
サラダ油…大さじ1と1/2
ごま油…小さじ2

作り方

1 キャベツはみじん切りにし、耐熱皿に広げてラップをし、電子レンジで3〜4分加熱する。そのままおいて粗熱をとり、水けをしぼって冷ます。長ねぎはみじん切りにする。

前日

2 ボウルにひき肉、キャベツ、長ねぎ、Aを入れ、ねばりけが出るまで混ぜる。

3 ギョウザの皮に2を等分にのせて包み、片栗粉をふったバットに並べ、ラップをして冷蔵室に入れる。

4 フライパンにサラダ油を中火で熱し、ギョウザ適量を並べて焼く（残ったギョウザは冷凍可）。底に焼き色がついたら水を加え、ふたをして5分ほど蒸し焼きにする。

当日

5 水けがなくなったらふたを取り、ごま油を回し入れ、パリッと焦げ目がつくまで焼く。完全に冷めたら弁当箱に入れる。

ゆで塩豚弁当

作っておけば冷凍保存もできるゆで塩豚!
チャーハンの具やラーメンのトッピングにもぴったりです。

材料（作りやすい分量）
豚肩ロースかたまり肉…300g
塩…小さじ2
しょうが…1かけ
長ねぎの青い部分…適量
こしょう…少々

作り方

前日
1. 豚肉は室温にもどし、塩、こしょうをもみ込む。キッチンペーパーで包み、ラップをかけて、冷蔵室に半日以上おく（できれば2〜3日）。

2. 鍋に豚肉、長ねぎ、薄切りにしたしょうが、たっぷりの水を入れて強火で熱し、煮立ったら弱火にして、30〜40分ゆでる。火を止め、そのまま1時間ほどおく。

3. 保存容器にゆで汁ごと入れ、冷蔵室に入れる。

当日
4. 1cm厚さに切り、弁当箱に詰める。

- しば漬け
- ご飯
- 白いりごま

- 水菜

いんげんのおかかあえ
さやいんげん6本をゆでて水けをきり、3cm長さに切る。ボウルに移し、削り節1パック（2g）としょうゆ少々を加えてよくあえる。

明太子サラスパ
スパゲッティ30gはパッケージの表示どおりにゆでる。水けをきってボウルに移し、ほぐした辛子明太子1/4腹分を加えて混ぜる。さらに半分に切ったミニトマト5個分、マヨネーズ大さじ1、塩・こしょう各少々を加えてあえる。

ほりえさちこ

料理研究家として雑誌やテレビで活躍中。中でも弁当のレシピには定評があり、デコ弁から男子向け、健康志向のものまで幅広いレパートリーを誇る。夫、長男との3人暮らし。本書の制作に際しては、夫に作った弁当と夫のリアクションをもとにレシピを作成した。著書に『糖質オフ1か月＋春夏秋冬1週間晩ごはん献立』（主婦と生活社）、『あと一品がすぐできる！ おいしい副菜』（池田書店）など多数。

撮影	鈴木泰介
スタイリング	浜田恵子
デザイン	川村哲司（atmosphere ltd.）
編集協力	長谷川 華
校閲	安藤尚子
撮影協力	UTUWA
編集	小田真一

読者アンケートにご協力ください

この度はお買い上げいただきありがとうございました。『食いしんぼう弁当』はいかがだったでしょうか？ 右のQRコードからアンケートにお答えいただけると幸いです。今後のより良い本作りに活用させていただきます。所要時間は5分ほどです。

＊このアンケートは編集作業の参考にするもので、ほかの目的では使用しません。詳しくは当社のプライバシーポリシー（https://www.shufu.co.jp/privacy/）をご覧ください。

食いしんぼう弁当

著 者	ほりえさちこ
編集人	束田卓郎
発行人	殿塚郁夫
発行所	株式会社 主婦と生活社
	〒104-8357 東京都中央区京橋3-5-7
	［編集部］☎ 03-3563-5129
	［販売部］☎ 03-3563-5121
	［生産部］☎ 03-3563-5125
	https://www.shufu.co.jp
	jituyou_shufusei@mb.shufu.co.jp
製版所	東京カラーフォト・プロセス株式会社
印刷所	共同印刷株式会社
製本所	株式会社若林製本工場

ISBN978-4-391-16482-4

十分に気をつけながら造本していますが、落丁、乱丁本はお取り替えいたします。お買い求めの書店か、小社生産部にお申し出ください。

Ⓡ 本書を無断で複写複製（電子化を含む）することは、著作権法上の例外を除き、禁じられています。本書をコピーされる場合は、事前に日本複製権センター（JRRC）の許諾を受けてください。また、本書を代行業者等の第三者に依頼してスキャンやデジタル化をすることは、たとえ個人や家庭内の利用であっても、一切認められておりません。
JRRC https://jrrc.or.jp
Eメール jrrc_info@jrrc.or.jp ☎ 03-6809-1281

© SACHIKO HORIE 2025　Printed in Japan